売れるには理由《わけ》がある

てれびのスキマ
戸部田誠

太田出版

売れるには理由がある

イラスト　花小金井正幸
装丁　木庭貴信＋角倉織音（オクターヴ）

まえがき

〝売れる理由〟なんてわかるはずがない。

そんなことがわかれば苦労はしないのだ。だから多くの若手芸人たちはいまももがきながらネタを作っている。それは僕たちだって同じだ。成功が約束された道なんてない中で、必死に目の前の困難に立ち向かっている。

僕らにとってお笑い芸人たちのネタで笑うことは、そんな困難な生活の中に潤いと活力を与えてくれるものだ。だから、何も考えずに笑っていればいい。けれど、そうしたネタはテレビの放送、あるいは舞台などで披露されれば、ほとんどが消えていく運命にある。映画やドラマなどと比べて、それがアーカイブされることは少ない。その刹那的でその場限りという手軽さ、希少さもお笑いの魅力である一方で、それを残しておくことは同じくらい重要なことだと個人的には思っていた。翻って、各芸人の代表作をまとめたような本がほとんどないことが不満だった。もちろん、ネタの内容を活字化するなんてことは無粋だし、何より活字にした途端、その面白さが大きく損なわれてしまうだろう。それでも、野暮を承知で書き残したいと思った。最初に本書を書こうと思った動機はそういうことだった。

僕が本書で抽出した「代表作」も漫才やコントといった、いわゆる〝ネタ〟だけではない。僕はネタだけが芸ではないと思っているからだ。テレビ番組の企画やそこで起きた〝事件〟など、その芸人を象徴するようなシーンを含め「代表作」とした。そのリストを見ているだけでも、「お笑い」がいかに多種多様で豊かがわかる。

しかし、ただネタを抽出し、その内容をまとめるだけでは僕が書く意味はない。だから、僕なりの解説をつけたいと思った。従って本書は、各芸人の代表的なネタに僕の解説を加えたものだ。ただし、解説といっても、そのネタの何が面白いのか、何が新しいのかといったようなネタ自体の批評ではない。そのネタがどのようにして生まれていったのか、あるいは、どうしてそのネタがその芸人にとっての代表作になったのか、といったことを、様々な当事者の発言やエピソードから迫ったものだ。

たとえば、古坂大魔王によるピコ太郎の「ＰＰＡＰ」は、どんなに周りの芸人仲間から揶揄されようと自分の信じた道を貫き通すことで生まれ、世界的なブレイクを果たした。笑福亭鶴瓶の「局部露出事件」こそ、彼のあけっぴろげた人格と反骨精神をあらわしたものだし、出川哲朗の好感度を劇的に上げた「出川イングリッシュ」は、数多くの過酷な海外ロケの経験から「伝えたい気持ちがあれば、絶対伝わる」という確信がそのまま企画になったものだ。あるいは、爆笑問題流の「時事漫才」は、自分はどこまで行っても憧れのビートたけしの亜流にすぎないということを自覚したことから始まった。また、オードリーの「ズレ漫才」は、芸人としての彼らと、本来の彼ら自身の「ズレ」を発見したからこそ生まれたものだ。

そうしてつぶさに見ていくと彼らが出会いやチャンスをものにし運命を変えた「代表作」には、ある共通点があることがわかってくる。歌舞伎用語で「ニン（仁）」というものがある。役柄が持っている雰囲気や「らしさ」などを指す言葉だ。「ニンが合う」「ニンが合わない」というのがその歌舞伎役者や演目の重要な評価基準になっていた。転じてそれが落語などお笑いの世界でもその芸人の芸柄や人柄を指す言葉として使われ、よく芸人は「ニン」と合致したネタができたときに、売れるなどと言われるようになった。その道筋も、生まれたネタもそれぞれまったく異なるものだが、根底には、その人にしかできない、その人だからできたという必然があるのではないだろうか。本書で描きたかったのは、その必然だ。だから、ネタを語ることはそのままその芸人を語ることでもあるのだ。そこにはきっと、何らかの〝理由〟が隠されているはずだ。

お笑いは肩肘張らず、何も考えなくても笑えることが最大の魅力だ。でも、そうではなく、そのひとつひとつのネタから様々なことを考えられる懐の深さも持っている。本書でそんなお笑いの奥深さの一端を覗いてもらえれば幸いである。

売れるには理由がある　目次

第2章 全力
083

第3章 対抗
133

第4章
信念

第1章

信頼

Trust the buddies

友人とは、あなたについてすべてのことを知っていて、
それにもかかわらずあなたを好んでいる人のことである。
（エルバード・ハーバード）

ダウンタウン

トカゲのおっさん

「あれ？　どこ行っちゃったんだろう？　おじさーん、おじさーん！」

浜田雅功演じる少年・マサが公園で誰かを探している。そこに気だるそうな感じでやってくるのが、松本人志が扮する奇妙な風貌の男。身体はトカゲだが、頭は人間。ハゲたおっさんだ。マサはトカゲのおっさんに「食べて」とコロッケを差し出す。それを食べながら「言うたん？」と聞きにくそうにおっさんが尋ねると「言ってないんだよね……」と申し訳なさそうに答えるマサ。

「言うてないなら言うてないで逆に俺は幸いやと思うてんねん」「どういうこと？」「やっぱりお母さん、納得せえへんと思う」

そうやって理屈をこねだすおっさん。

「そんなの関係ないよ。僕が飼いたいんだから！」

ここまでの会話劇で視聴者はだいたいのふたりの関係性が理解できる。おそらく、マサは捨て犬を見つけるように、一人ぼっちで暮らすトカゲのおっさんに出会い、彼を飼いたいと思うようになった。だが、それを母に言い出すことができない。しかし、おっさんはマサの「飼う」という言葉に引っかかってしまう。

「おっさんと見てるか、トカゲと見てるか、ということやねん」

その後の会話で、父親が3年前に亡くなっていることが明かされる。「僕、パパがいないんだよねえ」と寂しそうなマサに「それと俺とどう関係があんねん」と言うが、言葉とは裏腹に嬉しそうに口元を緩ませる。自分が彼の父親代わりになれるという思いと同時に、母親への性欲を滾らせるのだ。

「ハッキリ言うで。おっさんはお母さんとそういう関係になると思う」

そうしたふたりの会話だけで18分を超えている。ここでようやく3人目の登場人物・ママ（板尾創路）がやってくる。

おっさんは、急によそよそしい態度になりながら、マサに切り出すように促す。

「飼ってもいいかな？　一人ぼっちなんだよ」

犬を飼い始めたばかりだからダメだというママに、おっさんが躊躇いながらも直接語り始める。

トカゲダンスを見せて意気投合したこと、マサから「ずっと一緒だね」と言われたことを説明した上で、お母さんさえいいと言えばすべてが丸く収まるのではないかと。

困惑しているママの元に、彼女の情夫・坂木(ほんこん)がやってきて、やがておっさんと坂木は言い合いになり、ケンカに。坂木は「うまいものでも食いに行こう」とマサに言うと、あっさりマサも「じゃあ、明日また!」とおっさんに言って去っていく。哀しそうなおっさんにママはお金を渡し帰っていくのだ。

37分にわたる長回しコント。それがダウンタウンが中心になって生み出した傑作コントのひとつ「トカゲのおっさん」の第1話だ。以後、全19話が作られた『ごっつええ感じ』(フジテレビ)後期の代表作である。シュールな世界観の中に、人間のどうしようもない虚栄心、狡猾さ、惨めさ、偏見、恥ずかしい部分が散りばめられている。

理解し合って笑い合う。その姿こそがダウンタウン

このコントは当初、7分程度の想定で台本やセットが作られていた。しかし、放送はアトランタオリンピックのマラソン中継の真裏。視聴率では惨敗することは目に見えていた。

ドライリハーサルを終えカメラリハーサルに移ろうかというとき、松本が「ちょっと相談したいねんけど」と演出の小松純也に切り出した。「ひとつのオンエアを1本のコントでやりたい」と。元々この台本は、決められた設定の中で会話がループしながら話が拡大していくというダウンタウンが得意とする形。だから、それを延ばすことは可能だった。

打ち合わせの際、基本的に浜田は、会話には参加しない。松本がいろいろ考えながら「こうやってな、こうやってな……」というのを何となく聞いている感じだという。けれど、打ち合わせているうち、20分くらい経つと、「どうしよう」と煮詰まってしまった。そのとき、浜田が動き始めるのだ。「松本がこう言うやんか。そうしたら、板尾がこう言い出して俺がこう言うから」と一気に流れを作ってしまうのだ。「ダウンタウンのネクストスイッチが入った瞬間」だったと小松は振り返る[*1]。つまり、松本の発想を浜田が翻訳し、わかりやすく整備していったのだ。

思えば、ダウンタウンはそもそもそういうコンビだった。松本は小学4年生の頃から漫才やコントを披露し、クラスメイトを笑わせていた。その頃の〝相方〟は「伊東」。中学になると浜田を加えた3人で遊ぶようになっていた。そこである事件が起こる。浜田と伊東が殴り合いのケンカをしたのだ。浜田は伊東の頭を壁に打ちつけると「まっつん、もう行こうや」と言った。松本は一瞬迷いながらも、浜田についていった。それが〝分岐点〟だった、とふたりは言う。そこから松本の〝相方〟は浜田になった。子供にはありがちな

物悲しく少し残酷なエピソードだが、これを松本は好んでよく語る。そこに松本の気質があるのだろう。

ふたりは1期生としてNSCに入学すると、すぐに頭角を現した。彼らの新しいセンスに先輩芸人たちは唸った。その最たる例が、彼らを見て漫才を辞めたという島田紳助だろう。だが、観客はすぐには理解できなかった。それでも若者向けの劇場・心斎橋筋2丁目劇場ができてから彼らの快進撃が始まる。そして、東京進出。だが、やはり東京もすぐには受け入れてくれなかった。だから「大阪に帰りたい」と思うことも一度や二度ではなかった。

松本人志が「天才」であることは誰もが認めることだろう。しかしダウンタウンがこれまでのコンビと決定的に違うのは、ツッコミである浜田雅功もまた天才級の実力者だということだ。けれど、デビュー当時は「あそこのコンビはツッコミが下手」としばしば囁かれていたという。もともと負けず嫌いの性格。「アイツは先輩漫才師のツッコミを見て、それこそ遮二無二、勉強したのだろう」と松本が自著『遺書』に綴っているように、努力で松本との才能の差を埋めていった。

上京直後は、「浜田が前に出ることにより、世間に名を知らしめていく」[*2]という役割分担が自然とできあがっていた。社交的でわかりやすいツッコミをする浜田が前に出ることで、わかりにくく伝わりづらい松本の笑いを伝えていくのだ。たとえば、まだ名前が

ダウンタウン
松本人志と浜田雅功によるお笑いコンビ。小学校時代からの同級生であるふたりが1期生としてNSCに入学、コンビを結成。1991年の『ダウンタウンのごっつええ感じ』で全国的な人気者となり、現在も数多くの冠番組を持つ。

浸透していない頃、ゴールデンの特番に出たときは、あえて浜田が前面に出ていく。関口宏や山城新伍などの大御所タレントを相手にメンチを切り、胸ぐらをつかみ、頭をはたき、激しくツッコんでいく。傍若無人な生意気な若者。世間にインパクトを与え、名前を売るのだ。『「なんや、あいつら」っていうイメージつけといて、そんで、いざしゃべらしたら、松本が面白いんだっていうふうにもっていきたかった』[＊3]と浜田は言う。

松本はダウンタウンの関係性を「まず浜田が林の中にひとりで入っていって、ガーッて木を切り倒して平地にする。そこにオレが行って、家を建てるみたいなもん」[＊4]と語っていた。そこには互いの絶対的な信頼感がうかがえる。

浜田は「(松本と)二人で笑っているところが一番の見せ所だと思っている」[＊5]と言う。「あっ、ここは笑うんや」とか「他の人は笑うてないのに、何で二人だけでここ笑うねん」という姿こそが面白いはずだと。それは漫才でもコントでも、あるいはバラエティ番組でのスタジオのトークでも変わらない。ふたりでしゃべりながら、理解し合って思わず笑い合う。その姿こそダウンタウンなのだ。

[＊1]「文春オンライン」2017年5月1日
[＊2]ロッキング・オン『松本坊主』(著：松本人志)
[＊3]ワニブックス『ダウンタウンのガキの使いやあらへんで!! 6 軌跡』
[＊4]ワニブックス『がんさく』(著：濱田雅功)
[＊5]『SWITCH』2012年12月号

ザ・ドリフターズ

もしも威勢のいい銭湯があったら

ザ・ドリフターズの名物コントといえば『ドリフ大爆笑』（フジテレビ）での「もしもシリーズ」だ。中でも印象的なのは「もしも威勢のいい銭湯があったら」だろう。

客であるいかりや長介が店に入ると、店主の仲本工事が「ヘイ！　らっしゃい！」と威勢よく応えながら番台から飛び出し、ハッピ姿の3人（加藤茶、高木ブー、志村けん）とともに、いかりやを脱衣室に〝連行〟する。

戸惑ういかりやをよそに、掛け声をかけながら服を脱がし、そして浴室に連れて行くと、祭りが始まるかのように太鼓が鳴っている。

志村らは、いかりやを座らせて豪快に桶のお湯を〝かけ湯〟。顔面に思い切りぶっかける。乱暴にシャンプーをすると、そのまま頭をつかんで桶の中に顔を沈め、髪を洗い流す。

さらに立ち上がらせ、なぜか鈴のついたはがねで股間を洗う。今度は風呂の縁に座らせると、そのまま勢いよく押し倒し、浴槽に真っ逆さまにダイブ。それを何度も繰り返す。もはや、そのまま溺死してもおかしくない惨状だ。ひととおり終わると最後に身体を拭く。だが、もちろん普通に拭くわけではない。タオルをムチのようにし、4人で身体中に叩きつけるのだ。

息も絶え絶えで、いかりやは何とかカメラに顔を寄せて、オチの決め台詞。

「だめだこりゃ！」

しかし、それでも許してくれない。「もう一度」といって、再び浴槽に押し倒すのだ。ようやく地獄のようなコントが終わったと思ったら志村が言う。

「さあ、本番行こうか」

「もしもシリーズ」はドリフがドリフたる最後の所以

完全に〝イジメ〟である。だが、それがお笑いとして成立しているのは、やられているのが〝権力者〟であるいかりや長介だからだ。彼によって普段〝虐げられている〟メンバーたちが復讐するかのようにいかりやを痛めつけているから、見ているほうも遠慮なく笑うことができる。ドリフの笑いとは即ち、「関係性」の笑いなのだ。

そんなドリフが、「関係性」の笑いに行き着いたのには必然性があった。なぜなら、その成り立ちが特別だからだ。実はザ・ドリフターズには、初期メンバーが誰ひとり残っていない。もともとは岸部清や桜井輝夫を中心としたジャズバンドだった。コミック要素を強くしていくうちに加入したのがいかりや長介だった。彼がリーダーに就任すると、その傾向がさらに強まっていった。いかりやは厳しいリーダーで練習の鬼だった。

「てめえ、やる気ねえのか。やる気なきゃ、辞めちまえ!」［*1］

彼がいつものように激昂すると、小野ヤスシを始めとしたメンバーは本当に辞めてしまった。いかりやの独裁に対する〝クーデター〟だった。残ったのはいかりやと同時期にドリフに加入した加藤茶だけ。目前に迫った仕事に穴を開けられないいかりやが急ピッチでメンバーに加入させたのが高木ブーと仲本工事、そして荒井注だったのだ。だから、バンドにも関わらず、いかりやは新メンバーの楽器の腕を一切確かめることもなくキャラクターだけでメンバーを決めた。年齢もキャリアもバラバラ。もともとバンドマンのため、天性のセンスを持った加藤を除くとギャグで勝負することもできなかった。だからいかりやはメンバーの「位置関係」を構築することにしたのだ。

「私（いかりや）という強い『権力者』がいて、残り4人が弱者で、私に対してそれぞれ

ザ・ドリフターズ

いかりや長介、加藤茶、高木ブー、仲本工事、荒井注（後に志村けん）による5人組コントグループ。1974年4月に『8時だョ!全員集合』が最高視聴率50.5%を記録するなど、テレビバラエティ全盛期を牽引する。2004年3月、リーダーのいかりやが逝去。

不満を持っている、という人間関係での笑いだ。嫌われ者の私、反抗的な荒井、私に怒られまいとピリピリする加藤、ボーッとしている高木、何を考えているんだかワカンナイ仲本。メンバー5人のこの位置関係を作り上げたら、あとのネタ作りは楽になった」［＊1］

荒井が引退し、志村が加入しても当初はその関係性の笑いを続けていた。だが、志村は「芸人」としてドリフの中では別格だった。次第に才能を開花させると、ドリフの笑いは志村のギャグが中心になっていった。やがて、80年代半ば、『8時だョ！全員集合』でいかりやが会議から外されたことを境にメンバー間の関係に亀裂が生じ始める。志村・加藤といかりや・仲本・高木の二派にメンバーは分断され、『大爆笑』でもそれぞれのグループでほとんどのコントが作られるようになった。関係が壊れたことによって、関係性の笑いは姿を消していたのだ。そんな中で1987年頃まで続いた「もしもシリーズ」は、その最後の灯火だった。ドリフのドリフたる所以があらわれたコントだったのだ。1994年、視聴者からのリクエストで「威勢のいい銭湯」が久々に演じられた。黒髪だったいかりやはすっかり白髪になり、以前以上に体力の消耗も激しかった。だが、志村たちに痛めつけられる表情は充実感に満ち、どこか楽しげだった。

［＊1］新潮社『だめだこりゃ』（著：いかりや長介）

ナインティナイン

「岡村オファーがきました」シリーズ

「次ですか！　次ですか！」

ＳＭＡＰのライブをモニタリングしていたナインティナイン・矢部浩之が興奮して言った。そして〝次〟の曲「それが痛みでも」が流れ始めると、ジャニーズＪr.がバックダンサーとしてステージに入ってきた。その中に、紛れ込んでいるひとりの男がいた。岡村隆史である。ステージ上手に立った岡村とＳＭＡＰの距離は約30メートル。「思いっきり岡村隆史やん！」と矢部が笑う中、岡村はジャニーズＪr.と歩調を合わせ、同じダンスを完璧に踊っている。

10代前半の少年たちの中に小っちゃいおっさん。

身長も同じくらい（むしろ小さい）で、ダンスのキレは遜色ない（いや、むしろ上回っている）。その違和感のなさが逆に猛烈な違和感として可笑しみに昇華している。

「ガチコン言わしたる！」

そんなことを言いながら、深夜まで懸命に練習した成果だった。

曲が「君色思い」に変わると、木村拓哉の後方という目立つ位置に場所を変え、調子に乗った岡村は「変なおじさん」や「ヒゲダンス」の振りを繰り出した。中居正広のソロ曲では、中居、プロのダンサー、岡村という3人で息の合ったダンスを完璧に踊り、ついには中居よりも前に出る。困惑する中居を尻目に「アホの坂田」の動きをするとたまらず中居が、岡村の帽子とズラをむしり取った。

会場は大歓声だった。

「どーもありがとうございました」と満足げに帰ってきた岡村に矢部が「感想を聞かせて」というと岡村は「最高！」と即答。「これからもジャニーズJr.としてやっていく」とさも当然のような口ぶりで言い放った。

これが、この後、『めちゃ×2イケてるッ！』（フジテレビ）の看板企画となる「岡村オファーがきました」シリーズの始まりである。

岡村がもっとも面白く光輝くのは傍らで矢部がニヤニヤ笑っているとき

当初、岡村はこの企画に乗り気ではなかった。本番直後も総監督の片岡飛鳥に「僕、こういうの二度とやりませんから」と宣言したほどだ[*1]。ナインティナインはもともと、お笑い&ダンスユニット「吉本印天然素材」でアイドル的人気を得た。それはブレイクへの近道とはなったが、お笑い芸人として認められるのには逆に足かせとなった。実力もないくせに若い女性にワーキャー言われているだけのアイドル芸人――。そんなイメージに苦しめられることになったのだ。だから、特別なオチもなく真剣に踊るだけ、というこの企画の面白さがわからなかった。

それは片岡以外のスタッフも同じだった。連日夜中まで練習する姿を撮っていたカメラマンは、片岡にたまらず声を上げた。

「もうこれはお笑い番組じゃない！　こんなに回す意味が分からない」[*2]

だが、片岡だけには確信があったのだろう。だから、片岡は「いいよ帰って、オレがや

タカシ最高！
SMAP最高!!

るよ」と自分でカメラを回し練習を続けさせたという。結果、この放送は片岡の思惑通り18・4％の高視聴率を獲得した。

もともと『めちゃイケ』は「平成のひょうきん族」を標榜していたように、フジテレビ伝統のユニットコント番組を目指していたはずだ。実際、当初はコントにも時間を割いていた。だが、コント冬の時代。しかも、メンバーは当時、知名度や評価が決して高くなかった。その中で伝統ある土曜夜8時の枠で生き残るためには新たな〝武器〟を手に入れるしかない。そこで生み出されたのが、メンバーの人生そのものをドキュメントにする大河コントという前人未到の方法論だったのだ。このスタイルに岡村ほど合致する芸人はなかなかいない。

岡村隆史は〝カッコつける〟ということがそのままボケになる稀有な芸人だ。

岡村本来の生真面目すぎるほどのストイックさ。そして、その努力している姿が、小さな体と可愛らしいサル顔という独特の風貌ゆえ、どこかコミカルに映り、思わず笑ってしまう。そう、まさにかつてお笑い芸人として足かせになっていた岡村の〝アイドル性〟がこの企画を成功に導いたのだ。

岡村はこの本番の後、真っ先に矢部に「これ面白かったんかな？」と尋ねた。すると矢部は「いままで『めちゃイケ』やってきた中で一番面白かった」と答えたという［＊1］。

矢部がニヤニヤ笑いながら散々泳がした挙句、岡村が最後までカッコつけて終わると、

「岡村さん、何してはるんですか?」と最後の最後の一言でひっくり返す。それがナインティナインの唯一無二のスタイルとなった。

岡村がもっとも面白く光り輝くのは、傍らで矢部がニヤニヤと笑っているときなのだ。かつてナインティナインがコントライブを開催した際、幕が開く直前に岡村は必ず一言だけ矢部にささやいていたという。

「今日、笑ってな」[*3]

[*1]『クイック・ジャパン』Vol.113
[*2]「マイナビニュース」2017年10月13日
[*3]『マンスリーよしもと』2012年10月号

ナインティナイン
岡村隆史と矢部浩之によるお笑いコンビ。サッカー部の先輩後輩として出会ったふたりが1990年4月、NSC9期生としてコンビを結成。『めちゃ×2イケてるッ!』で大ブレイク。岡村は現在も『オールナイトニッポン』の歴代最長パーソナリティを務める。

極楽とんぼ

ケンカコント

ふたりの間に不穏な空気が流れ始める。

すると、どちらともなくお互いの肩を押し合う。やがて、口汚い口論が始まっていく。

「そんなこと！　そんなこと言うなよ！　そんなこと言うなよ！」

ついに怒りが頂点に達した山本圭壱が地団駄を踏みながら叫ぶと、相方の加藤浩次めがけて体ごとぶつかっていった。見ている共演者たちは、唖然としている者もいれば、悲鳴を上げる女性アイドルもいる。レギュラー陣はなだめようとしているが、止まるはずもなかった。完全に〝ケンカ〟である。山本は倒れた加藤の足首を掴むと、そのくるぶしに向かって、何度もグーパンチを落としていく。そんな山本を蹴り上げふりほどき、立ち上がる加藤。

「ふざけんな！」

加藤は激しく打撃を加えながら掴みかかると、ダンボールが積まれたセット隅に向かって山本を投げ飛ばした。そしてダンボールに埋もれた山本を追撃。ストンピングを繰り返し、立ち上がらせない。殴る、蹴る、踏む、首を絞める……、やりたい放題。

まさに「狂犬」である。

これが、「極楽とんぼミニシアター」などとも呼ばれた極楽とんぼのケンカコントである。

「オチは……？」

ひとしきり暴れまわった加藤に、矢部浩之が訊く。

「オチなんかあるわけねえだろ、ケンカだぞ！」

加藤のフラストレーションを笑いに昇華させる

約10年前、芸能界を〝追放〟されるまで山本圭壱は間違いなく岡村隆史と並び『めちゃ×2イケてるッ！』（フジテレビ）の〝エース〟だった。そして、番組の中で恒例となっていたのが、この極楽とんぼのケンカコントだった。そもそも、このケンカコントが初めて行われたのは、『めちゃイケ』の前身番組『めちゃ×2モテたいッ!』のことだった。『めちゃモテ』は、かつて『夢で逢えたら』を放送していた土曜23時30分のパナソニック一社提供枠。オシャレな若者に向けた番組が求められていた。そのため、深夜番組『新しい波』や『とぶくすり』の中心メンバーで〝平成のひょうきん族〟のようなお笑い番組を志向していた総監督・片岡飛鳥を中心とした制作陣とスポンサー側の思惑には大きな隔たりがあった。そこで片岡は企画書の表紙に当時若者にアイドル的な人気があった武田真治とナインティナインの飛び切りオシャレな写真を大きく貼りつけた。これに雛形あきこや鈴木紗理奈を加えることでようやく企画にGOサインが出たのだ。だから、当然男臭い極楽とんぼの入る余地はなかった。だが、片岡はなんとかバーテンダー役というエキストラ的役回りで山本だけは番組にねじ込んだ（番組はオシャレなレストランバーでゲストとトークするという内容）。山本は飲み物を持っていく際の一言で一笑いを取るといった難しい仕事が求められた。

「いつ、加藤を出してくれるんですか？」

自分ひとりでは力を発揮できないと山本は片岡飛鳥に事あるごとに相談していた。

番組開始から約3ヶ月。ようやくその時がやってくる。

「加藤、収録を見に来いよ」

山本は加藤をそう誘った。

「行かねーよ。俺、出てねーし」

出演もしないのに、相方だけが出ている番組を見学しに行くなんて惨めで恥ずかしい。そんな思いだった。

「いいから来い！」

山本の強硬な誘いに折れて、加藤は渋々ついて行った。おそらく山本と片岡飛鳥の間で話はついていたのだろう。けれど、山本はその経緯を言えば加藤に気を遣わせてしまうかもしれない。あるいは、いろいろなことを事前に考えてしまい、力が入りすぎてしまうかもしれない。そんなことを考えて伏せていたに違いない。

収録現場に行くと片岡飛鳥からこう囁かれた。

「加藤、出る？」

「俺、出れるんですか？」と驚く加藤に片岡は続けた。

「途中で出てきてさ、山本とケンカしちゃえよ」[*1]

そうして生まれたのが、極楽とんぼの「ケンカコント」であり、加藤浩次の「狂犬」キャラである。「加藤のフラストレーションを笑いのパワーに昇華」[*2]したいという山本の発案だったという。居場所を失っていた加藤は「山本に噛みつく男」というポジションを手に入れ、『めちゃモテ』のレギュラーになった。その後、『めちゃイケ』でも確かな地

極楽とんぼ
加藤浩次と山本圭壱によるお笑いコンビ。1989年8月にコンビを結成。『めちゃ×2イケてるッ!』で全国的な人気を得るも、2006年に山本が所属事務所を解雇。以後、加藤はピン芸人として活動、2016年11月の山本復帰を受けて再びコンビとしての活動を開始した。

位を固めていくと情報番組にも進出。そしてその最高峰とも言える朝の帯番組の司会の座にまで登り詰めた。

しかし、その矢先、事件は起きた。山本圭壱、解雇。思わぬ形で相方を失い、「狂犬」は噛みつきどころを失ってしまった。それでも加藤は10年、「狂犬」とは真逆の役どころである「朝の顔」を務め続けている。

「俺がテレビで生き残っていないと、山本をテレビに残すことは絶対にできないから」[＊1]

そして、2016年7月、ついに『めちゃイケ』で山本圭壱と対面。激しく感情をぶつけた後、ふたりは実に充実した表情でバチバチのケンカをまた始めた。

[＊1]『KAMINOGE』Vol.49
[＊2] 扶桑社『めちゃイケ大百科事典』

さまぁ～ず

コント「美容室」

「『大竹一樹の美容室』か……」

客役の三村マサカズが入ってくると、「いらっしゃいませ」と店主役の大竹一樹が迎える。

「今日はカットで？」「はい」と答えると続けて大竹は「明日は？」と問う。「明日は……やんないですよ」と困惑する三村。

さらに名前を尋ねられ「三村」と答えると大竹が「たぶん、3つの村が持てるようにって親がつけてくれたんだね」というと「名字！」と三村はシンプルにツッコんでいく。

「どんな風変わりな髪にしますか？」というボケにも「風変わりにはしないですよ！」と即座に言葉をかぶせていく。

散髪中、心理テストをやるとカステラの食べ方を聞かれ、三村が素直に答えると、大竹は「それがあなたのカステラの食べ方なんですよ」と飄々と言ってのける。

「そのままじゃないスか！」

三村はそのまま思いっきりツッコミを浴びせる。

最後にマッサージをするから、というも背後でその動きをするだけ。「当たってないですよ！」と叫ぶ三村を無視してなおも大竹は虚空をマッサージするように自らの手を叩くのみ。

「ゴリラか！」

大竹の軽妙洒脱なボケにシンプルでテンポのいいツッコミ。これがバカルディ時代からのさまぁ～ずの代表的コント「美容室」だ。

〝天才〟三村が勝てないと思った〝天才〟大竹

バカルディは最初からすごかった。

「俺、全勝したもん。だって事務所ライブクラスだったらウケないと。3連勝したらもう味方がつくから。4、5連勝したら自分らのファンだけになる。そうすると自動的に負けなくなる」[*1]と三村が振り返るようにすぐにライブでスベり知らずの存在になり注目を浴びた。オーディション番組やネタ見せ番組で勝ち続け、瞬く間にレギュラー番組をつかむ。そして1993年、結成からわずか5年足らずでフジテレビ22時台にホンジャマカとの冠番組『大石恵三』がスタート。しかし『電波少年』(日本テレビ)などの強力な裏番組があったことから視聴率で苦戦した。なにより「完全な力不足」だったと本人たちが振り返っている。

「いざやってみると、あれ、あんま面白くねえなと。『夢で逢えたら』(フジテレビ)に全然勝てねえなって思っちゃったんですよ。それは何でかっていうと、人から与えられたものを面白く演じないと、テレビって駄目なんだろうなって勝手に決めつけちゃってたから。言葉は悪いけど『やらされてる』みたいになっていた」[*2]

そんな状態だったから終わるのも早かった。わずか半年で番組は終了した。ふたりは、この終了がどんな意味を持つか、それほど重要には考えていなかった。数あるレギュラー番組のひとつが終了した。それくらいの認識だった。けれど、現実は違った。折り悪くレギュラー番組が次々と終了。「冠番組の失敗」という烙印を押された彼らに、〝冬の時代〟が訪れる。

「おっ、王様来たよ」

「ゴールデンタイムのドラマ蹴ったよ、コイツ」

事務所へ行けば、そんな揶揄が聞こえてきた。仕事はたくさん来ていたのだ。中にはゴールデンタイムのドラマ出演もあった。けれど「お笑い」の仕事しかしたくなかった。特に、コンビの中で「お笑い」の核を担っている大竹にレポーターのような仕事をさせては、お笑いコンビとして終わってしまうと受けつけなかった。大竹が「普通の人」になってしまうのを、三村が「見たくなかった」のだ。三村にとって大竹は〝憧れ〟の存在であり続けなければならなかった。それがコンビとして生き残るための絶対条件だった。なかなかテレビに出れない苦しい時期でもライブは盛況。だから、自分たちの笑いに対して自信が揺らぐことはなかった。

一方で、次第に三村はレポーター役も受けるようになり、テレビタレントとして力をつけていった。

やがてバカルディは妙なところから火がつき始める。「〜かよ!」という三村のツッコミがナインティナインやウッチャンナンチャンらから面白がられたのだ。ナイナイの『オールナイトニッポン』(ニッポン放送)で何度もネタにされ「関東一のツッコミ」などと呼ばれるようになった。そして1997年『めちゃイケ』(フジテレビ)の「笑わず嫌い王決定戦」に出演したことがきっかけとなり、本格的にテレビで復活したのだ(そのさなかに「さまぁ〜ず」へ改名。ちなみに同番組でさまぁ〜ずとして初めて披露したネタが前記「美容室」だ)。

パン
パン!!
パン
当たってないですョ

ふたりの出会いは高校時代に遡る。

「このタイプ見たことないですよね。いまだに。周りの人はみんな言いますよね、天才的だって」[＊3]と大竹は三村の当時の印象を語っている。その〝天才〟が勝てないと思った〝天才〟が大竹だった。

「高校時代の大竹はやっぱ、言葉を作るのはホントおもしろいなって。言葉の作り方とかしゃべりかたとかが、しばらく勝てないヤツ出てきたかな、初めて」[＊3]

大竹の言葉のニュアンスが自分のツボにハマったのだ。それは三村にとって衝撃の出会いだった。

仲良くなったのは高2のときの化学の実験の授業がきっかけだった。そこで同じ班になったふたり。三村は暇を持て余してプラスとマイナスのワニロクリップをつなげて遊んでいた。すると大竹がこれ以上電圧を上げてはいけないというラインを越えてつまみをひねり、その機械が爆発した。

「オイッ！」

それが、三村マサカズが大竹一樹に初めてツッコんだ瞬間だった。

「俺がコイツ（三村）を爆発させたときに発した『オイッ！』っていう、それを見たとき以来ですから。コイツに仕掛けて、小手先じゃなく出た魂の叫び。その瞬間からずっと変わってません」[＊3]

大竹の天才的な言葉のニュアンスをいかしたボケと、三村の天性の可笑しみを含んだ小手先ではない魂のツッコミ。彼らは出会ったときから、そのコントのような関係性がまったく変わっていないのだ。

［＊1］TBSラジオ『バナナマンのバナナムーン』2010年10月22日
［＊2］『クイック・ジャパン』Vol.74
［＊3］『TVブロス』2010年1月9日号

さまぁ～ず
三村マサカズと大竹一樹によるお笑いコンビ。1989年4月に「バカルディ」として活動開始、2000年に出演したバラエティ番組内で「さまぁ～ず」に改名。大竹のシュールなボケと三村の豪快な突っ込みで現在もテレビ、ラジオ、舞台など幅広く活躍中。

ナイツ

ヤホー漫才

「昨日インターネットのヤホーってサイトで検索してましてて……」

ナイツの塙宣之が話し出すと「ヤフーね。あれね、ヤフーって読むんですけども」と相方の土屋伸之がすかさず言い間違いを訂正する。塙はそれには気に留めず、日本のアニメ界の巨匠をひとり見つけてしまったと話を続ける。

「宮崎駿って知ってます？」

「いまさら？」と土屋は静かにツッコむ。ここから、宮崎駿の経歴を小ボケをまぶしながら紹介していく。

「『あるブスの少女ハイジ』っていうね、アニメをやってまして」

「『アルプスの少女』ね。ハイジがブスみたいに言うな」と、いちいち丁寧に訂正。その後も『風邪の谷を治すか』に「それヤワラちゃんの仕事だよ」とツッコんだり、「♪ラン～ランラランラン～」と歌い「ヤベえ、歌詞が出てこねえや」とボケたりとテンポよく続いていく。やがて『痴女の宅急便』『紅のメス豚』『事をすませば』と「何を血迷ったか、下に走る傾向が出てきたんですね」と下ネタの言い間違いを連発。さらに「それを払拭したのが、2001年『せんだみつおの神隠し』というボケに「ただの失踪事件じゃねえか」とツッコむ。

永遠に続けられるのではないかと思ってしまうほど心地よいリズムで進んでいく。そんな塙の言い間違い小ボケに静かに短く訂正しツッコんでいくというスタイルが、ナイツの「ヤホー漫才」だ。

自分たちオリジナルの漫才、それは、すでに浅草にあった

いまや、塙は漫才協会の副会長、土屋は常任理事（2019年現在）。たびたび協会の師

匠たちをネタにもしていることで、浅草といえばナイツというイメージが定着しているが、それは最初から本人たちが目指していたものでは決してなかった。

そもそもナイツが結成されたのは大学時代。だが、最初の相方は土屋伸之ではなく、塙の1年上の先輩だった。土屋は公認会計士になるために猛勉強をしながら、その合間に落語研究会の寄席に行くのが日課だった。そこで一番面白かったのがナイツ。つまり、土屋は「ナイツ」の熱烈なファンだったのだ。先輩の都合でナイツが解散した頃、土屋は落研に入会。新たな相方を探していた塙は土屋を指名した。新しいコンビ名を決めようとすると、土屋が言った。

「ナイツってコンビが好きなんで、そのままナイツってコンビで良いです」[*1]

だが、結成からわずか2ヶ月、悲劇が訪れる。塙がバイク事故を起こしたのだ。足の切断も危ぶまれるほどの大怪我。もう舞台には上がれないかもしれない。一足先にお笑い芸人の道に足を踏み入れていた兄のはなわからは「土屋くんには土屋くんの人生があるから(別の道を進んでも)いいからね」と涙ながらに言われたが、それでも土屋は毎日病院へ通った。懸命の看病とリハビリの結果、復帰した。

土屋の母が元演歌歌手だった関係でコネのあった事務所に入ると、当時の社長から内海桂子の弟子となり浅草に行くように命じられる。塙は最初、嫌で嫌で仕方なかった。ライブに出るだけじゃなく、誰かよくわからないような師匠にお茶を出したり、チラシを配っ

インターネットのヤホーで検索してきたんですけど
大事なことはヤフーで調べた方がいいですよ

たり、外で呼び込みなどもしなければならず、「なんて無駄な時間を過ごしてるんだろう」と思いながら毎日浅草の東洋館に通っていたという【＊2】。何より「浅草＝古い漫才師」というようなイメージがつくのが嫌だった。自分は華やかなテレビの世界で売れたいと思ってお笑い芸人になったのだ。

実際、テレビの世界は遠かった。漫才もうまくいかない。もともとは、大きくボケて大きくツッコむいわゆる王道の漫才スタイルだった。まったく結果が出ず7年が経った。なんで売れないんだろう？ ビデオに撮った自分たちの漫才を改めて見直してみた。すると、「今日もお足元の〝クサイ〟中、よくぞ来てくださいました」といった漫才本編に入る前のツカミの小ボケのほうが確実にウケていることに気付いたのだ。

「こういうことばっかりやろうぜ」

塙は閃いた。たとえば「昨日知ったんですけど、宮崎駿ってスゴイ人ですね」では弱い。「テレビで観たんですけど」でもしっくりこない。「ヤホーで調べたんですけど」と言えばちょうどいいし、それ自体もボケになる、と。土屋も派手にツッコむよりも、公認会計士を目指していたとおり、細かなミスをボソっと訂正するほうが性に合っていると気付いた。

そんなとき、学生時代『電気グルーヴのオールナイトニッポン』（ニッポン放送）で紹介されていて好きになった細野晴臣のテクノ音楽を改めて聴いた。一定のリズムを無機質に繰り返すテクノのリズムで漫才を作ってみよう。そうして生まれたのが「ヤホー漫才」

ナイツ
ボケの塙宣之とツッコミの土屋伸之により2001年にコンビを結成。2008年〜2010年の『M-1グランプリ』では3年連続して決勝進出。「浅草のナイツ」として漫才協会、落語芸術協会、三遊亭小遊三一門として寄席でも活躍中。師匠は内海桂子。

だった。短いテンポで小ボケを繰り返し、土屋も無理してツッコまず訂正していきリズムを刻む漫才だった。
ようやく自分たちオリジナルの漫才ができた。そう思ったときに「自分がいいと思って作ってきたものは、自分が生まれる前からすでにあったのだ」という細野晴臣の言葉が胸に響いた。それまで、浅草の漫才師の漫才なんて古臭くて見ていられなかった。だが、改めて見てみると、自分が気持ちいいと思ったリズムをすでに彼らが使っているのだ。
「そこに自分のエッセンスを足して、それを次に渡していこう」［＊3］
そう思った塙はいま、堂々と「浅草のナイツ」を名乗っているのだ。

［＊1］テレビ朝日『ブラマヨのゆかいな仲間たち』2012年6月9日
［＊2］「エキサイトレビュー」2013年5月21日
［＊3］TBS『オー!!マイ神様!!』2017年6月19日

内海桂子・良江

三味線漫才

着物姿のふたりの女性。背中には三味線を抱えている。

内海桂子・好江である。

年の暮れと言えばやっぱりオペラだね、と桂子が話し始める。

「オペラというと、何と言っても代表的なのは、あの『椿姫』じゃないかしらね」

するとすかさず、好江が堂々とした声で歌い上げる。

「♪アンコ〜だよりぃ〜は〜アンコ〜だよりぃ〜は〜ア、アン、ア、アン、か〜た、だぁよぉりぃ〜♪」

「あなたがやってんのは、都はるみちゃんの『アンコ椿』でしょ？」

桂子はそうツッコむと『椿姫』が２００年前に作られた作品であることを説明する。すると、好江はそんな昔の話がわかるわけがないと言う。

「200年前から生きて、それを見たの？　驚いたね。お客さん、この人、200年前からいるんですって」

「あんたね、200年前から生きて、ここで漫才やってたらバケモンでしょ」

好江は桂子のその言葉に笑いを噛み殺して「じゃあ、噂は本当だったんだ」と言う。

「みんな言ってましたよ、『内海桂子さんはバケモンだ』って」

漫才はやがて、『椿姫』の聴き所は「アリア」だという話になり、じゃあ、三味線でやってみようと好江が提案する展開に。だが、桂子はオペラはオーケストラでやるものだから無理だ、と真っ当なツッコミ。そこから14歳も年下の好江が桂子に対して啖呵を切り始めるのだ。

「なんでもパッとできなきゃいけないのが芸人でしょ？　普段の勉強怠っているからそういうことになるんだよ！」

唖然とする桂子を尻目に「じゃあ、私が弾く」と言って三味線を奏で始める。

が、曲はもちろん「アリア」とは似ても似つかぬ歌。そして好江は自ら合いの手を入れた。

「ありあ、よいしょ！」

これが、東京漫才の最高峰と呼ばれる内海桂子・好江の代表作のひとつ「オペラは楽し」である。いかに彼女たちの漫才がすごかったかをあらわすエピソードがある。事務所の会長・柵木眞によると、横山やすし・西川きよしが東京で独演会をやる際は、事前に吉本興業から電話があったという。そして、彼女たちのスケジュールが空いている日に独演会を行い、必ずトリ前に桂子・好江の漫才を入れたというのだ[*1]。

「今日まで育ててくれてありがとう」「こんなに育ってくれてありがとう」

内海桂子・好江は前述のように14歳も歳が離れている。いまでこそ、漫才コンビは同世代同士で組むのが一般的だが、かつてはそうではなかった。彼女たちは舞台上では「相方」だが、舞台を降りれば「師匠」と「弟子」の関係なのだ。

内海好江が桂子の弟子になったのは14歳のとき。好江の両親が芸人で、桂子の元相方と同門だった。その縁でふたりはコンビを組んだのだ。桂子からの条件はただひとつ。「言うことを全部聞くこと」

まだ14歳の好江は当然ながら、踊りも、三味線も、しゃべりもできなかった。だから、桂子は徹底的に厳しく鍛え上げた。

時代はテレビ草創期。テレビ時代の幕開けとともに、テレビでは演芸に力を入れていた。そうした機運の中で1957年、「NHK漫才コンクール」が始まった。そこで審査員を務めたのが徳川夢声。彼は、これからの漫才は「立体漫才」、つまりしゃべくり一本のほうがいいと主張していた。現在、漫才といえばしゃべくりが基本だが、当時は決してそうではなかった。事実、内海桂子・好江も三味線を駆使した漫才を得意としていた。夢声は、彼女たちにも三味線は捨てたほうがいいというのだ。だが、桂子・好江だけは頑なに三味線にこだわった。

桂子・好江は「NHK漫才コンクール」に第1回から優勝候補として出場。だが、2位に終わった。もしかしたら、方針に従わず三味線を捨てなかったのが災いしたのかもしれない。続く第2回、第3回も優勝を逃してしまう。そのとき、ついに桂子が好江に対し怒りが爆発してしまう。

「あんたがいい加減な気持ちでやってるからだよ！」

桂子は好江を激しく叱責した。その夜、悲劇が起こる。好江が睡眠薬を大量に飲み自殺を図ったのだ。

ふたりはそんな悲劇を乗り越えて見事第4回大会で優勝を果たした。その後も三味線に

内海桂子・良江

1950年、当時14歳の内海好江と内海桂子がコンビを結成。以後、40年以上に渡って活動、「東京漫才の最高峰」と呼ばれる。1997年10月に好江が逝去。桂子は現在も漫才協会名誉会長を務め、国内最高齢の現役芸人として元気に活躍中。

こだわり続け、好江が病死するまで約半世紀、48年のコンビ生活を送った。その間、数々の賞を受賞。その中には漫才界初の文部大臣賞も含まれている。その授賞式、桂子に続いて好江が挨拶に立った。

「さすがコンビ、考えてることは同じ」と言いたいことを全部言われたとおどけた上で「ですから今まで言ったことがないことを言わせてもらう」と切り出した。

「お姉さん、今日まで育ててくれてありがとう」

その言葉に桂子は堪えきれず号泣し、好江に手を差し伸べて言った。

「こんなに育ってくれてありがとう」[＊1]

内海桂子は90歳を超えたいまでも三味線片手に舞台に上がり続けている。

［＊1］彩流社『マセキ会長回顧録』（著：柵木眞、河本瑞貴）

横山やすし・西川きよし

やすきよ漫才

きっちりとセットされた髪にメガネ姿の強面。真っ青のスーツに赤いネクタイが映える。横山やすしである。

その隣には、揃いの青いスーツ姿で、これでもかと大きな目を見開いた男が立っている。西川きよしだ。

やすしは、大きなアクションをまじえながら、快適なテンポでボケを繰り返しながら漫才をリードしていく。そんな畳み掛けるようなボケにきよしが激しくツッコミを入れると、やすしのメガネが外れて飛んでいってしまう。

「メガネ、メガネ……」

やすしが、床に手をあてながらメガネを探す素振りを見せると観客から大きな笑いがあふれる。

今度はいつのまにやら、きよしがボケに回る。ツッコミとボケがめまぐるしく入れ替わり、観客は息つく暇もない。横山やすしもきよしのボケの勢いに翻弄されていく。さらには、やすしのギャンブル狂いの生活や数々の不祥事などをイジリ倒していく。たまらず、やすしは口癖のようになっていたフレーズできよしにツッコむ。

「怒るで、しかし！」

これが、横山やすし・西川きよし流の「どつき漫才」である「やすきよ漫才」だ。

〝天才漫才師〟やすしはきよしでなければ売れなかった

「日本一の天才漫才師」

横山やすしを人はそう呼んで称える。彼が最初に一躍脚光を浴びたのは、本名の「木村雄二」としてだった。中学2年生の頃、同級生とコンビを組んでラジオの聴取者参加番組

『漫才教室』（ＡＢＣラジオ）に出演。中学生とは思えない達者な漫才を披露し、「天才少年漫才師」と絶賛される。そのまま審査員長を務めていた漫才作家・秋田實に入門。「堺伸スケ・正スケ」としてプロデビューする。その後、横山ノックに弟子入りし、「横山やすし」を名乗ると、吉本新喜劇の研究生として活躍していた西川きよしと漫才コンビを結成したのだ。だから当初、やすし・きよしは間違いなく、天才・横山やすしがリードするコンビだった。

しかし、「やすしさんが天才、天才って言われたって、『やすきよ』なんだよね」とビートたけしは言う。「やすしさん、きよしさんと組む前に、何人も（相方が）変わってるんだよね。やすしさんが天才だとしたら、相方は誰が代わっても売れるはずなんだよ。でも、きよしさんじゃないと売れなかったんだよね」［＊1］

実際、横山やすしにとって西川きよしは5人目の相方だ。デビュー以来、天賦の才能を認められながらも、西川きよしと組むまでは、ブレイクすることはできなかったのだ。西川きよしはもともと「漫才師」と言うよりは「コメディアン」。どうしても動きやしゃべりが芝居調になってしまう。そこで編み出されたのが、激しい動きを武器にするアクション漫才だった。メガネを落とし、「メガネ、メガネ……」と探すギャグもここから生まれたものだ。そして、きよしのコメディアンならではの可愛げが、彼らの漫才にポップさを生み出し、コンビ結成の翌年には上方漫才大賞新人賞、さらにそのわずか3年後には同賞の大賞に輝いた。順風満帆だった。

そんな矢先、やすしが大きな事件を起こしてしまう。無免許の上、酒を飲んで車を運転し、タクシーと接触事故。それどころか、そのタクシー運転手に暴行したのだ。これにより2年4ヶ月にわたる謹慎処分となった。その後も生涯何度となく問題を引き起こした横山やすしは、誰よりも才能が認められた漫才師であるのと同時に誰よりも世間を騒がした男なのだ。

「もうあかんかな」

落胆した西川きよしはマネージャーの木村政雄に本音を吐露した。

「やすしさんが復帰して、日本一になるまで漫才をやりましょうよ」[＊2]

木村は落ち込んだきよしを励まし続け、ひとりでも出演できる番組をブッキングし続けた。「小さなことからコツコツと」と何をするにも力いっぱいに頑張る西川きよしをテレビ側も歓迎し、使い続けた。きよしはやすしのいない間、番組の司会などを務め上げ、「やす・きよ」の看板を守り続けた。それが彼に大きな自信をもたらした。

そして横山やすし復帰。ふたりの関係性は対等、もしくはきよし上位になっていた。復帰漫才で事件をネタにし「反省しとらんやないか！」と頭を叩く。「この日の漫才が、〝どこまでホンマのことかネタなのかよくわからん〟といういまの漫才のルーツとなった」[＊3]と澤田隆治は評している。こうして彼らは私生活のエピソードを織り交ぜながら、ボケ・

横山やすし・西川きよし

天才漫才師・横山やすしが西川きよしを誘い、1966年5月にコンビを結成。ボケとツッコミが自在に入れ替わる「やすきよ漫才」で一世を風靡する。しかし、やすしの度重なるトラブルでコンビは活動休止。そして1996年1月、51歳の若さでやすしは逝去する。

ツッコミが自在に入れ替わりながら進行する「やすきよ漫才」としか呼びようのない唯一無二の漫才を生み出したのだ。

「日本一の漫才師」

それは横山やすしだけに与えられた称号ではない。横山やすし・西川きよしのものなのだ。

［**＊1**］TBS『ぴったんこカン・カン』2015年11月13日

［**＊2**］勁文社『気がつけば、みんな吉本』（著：木村政雄）

［**＊3**］文春文庫『上方芸能列伝』（著：澤田隆治）

ブラックマヨネーズ

漫才「ケンカの強い男を目指そう」

仕事柄、街で絡まれることが多いから、護身として格闘技を習いたいが何を始めたら良いか、と相談を始めるブラックマヨネーズ・吉田敬。それに対し、相方の小杉竜一は「柔道とかええんちゃう」と提案。

すると吉田は、一度は「いい」という表情を見せるが「でもなあ」とつぶやき、「柔道とか顔を畳に押しつけられるやろ。もうこれ以上ブツブツ増やしたくないしな」と自らの顔のブツブツを自虐しつつ、拒否。

「空手とかええんちゃう？」

続けて提案する小杉に今度は「せいや！」という掛け声が嫌だと言う。気合を入れた上でかわされたら恥ずかしいというのだ。「2発目で倒したらチャラや」と諭す小杉に、「1

発目と同じテンションで『せいや』と言えない」と言う吉田。「だったら黙って倒せ」と正論を展開すると「そんなんしたら、『あの人、1発目かわされて恥ずかしいから、2発目黙ってはるわ』って思われて、余計恥ずかしいわ！」と自意識過剰すぎる反論をするのだ。

「考え過ぎや！」

小杉は呆れてツッコむと「ほな相撲でも習えや！」など次々に提案し、それをことごとく吉田が病的なまでの細かさとネガティブさで否定する展開が続いていく。

「熊でも飼えや」

やがて小杉の提案も飛躍。子熊を飼って毎日ケンカしていれば、熊が大きくなる頃には強くなっているはずだというのだ。

「人間以外の動物の成長の早さみくびんなよ！」

これがブラックマヨネーズが2005年の『M－1グランプリ』（朝日放送・テレビ朝日）で優勝を決めたしゃべくり漫才「ケンカの強い男を目指そう」だ。過剰に神経質な「ぼやき漫才」の進化版と言えるだろう。

神経質な吉田と大雑把な小杉
ふたりだからこそ成立する漫才

ブラックマヨネーズのふたりが出会ったのはＮＳＣ。同期だったが、それぞれ別のコンビを組んでいた。この２組は同期の中で一目置かれた存在だった。だが、小杉のコンビが相方の結婚を機に解散。ちょうど吉田が自分のコンビに限界を感じているときだった。吉田は小杉を誘いコンビを結成。コンビを組んで初めて小杉の実家に行くと高級車のセルシオが停まっているのを見た吉田は「こんなボンボン、何かあったとき、すぐ『やめる』って言う」と不安になり「先に解散するって言ったほうが、３０００万円払う」という誓約書を書かせようとしたという。そんな吉田に「なんで書かなアカンねん、お前コラ！」とツッコむ小杉。それが小杉が吉田にした初めての本気のツッコミだった。

早くから実力が認められていたブラックマヨネーズだが、なかなか人気を得ることができなかった。そんなときに始まった『Ｍ－１』にも最初は本腰を入れていなかった。どうせ出来レースだと思ったからだ。しかし、出場メンバーを見て愕然とした。そこには昨日まで一緒の舞台で漫才をしていたチュートリアルやフットボールアワー、麒麟といったまだ無名の芸人たちがいたのだ。「マジやん、この大会」、そう思ったふたりは本気になった。だが、なかなか準決勝の壁を破ることができなかった。

『M-1』というプレッシャーにやがて吉田は精神を病んだ。「夏なのに寒すぎて、布団かぶって寝てたり」「チンコが抜けていきそうな気がして」「心臓が何で動いているのかもわからなかった」[*1]。吉田は呼吸すら自分で確認しながら出ないとできないくらい、心配症の考えすぎる男になってしまったのだ。

転機となったのは彼らのラジオ番組『ずぼりらじお』（ABCラジオ）だった。そこで吉田はありのまま神経質な持論を展開していった。それに対し、「考えすぎや」と呆れツッコむ大雑把な小杉。このラジオでのフリートークが爆発的な笑いを生んだ。やがてふたりは気付く。自分たちがこれまで作り上げた漫才よりも、このトークのほうが面白いのではないかと。だったら、このフリートークを展開するように漫才を作れないか。

そうして、吉田が相談し、小杉が提案する、それを吉田が神経質に否定するというスタイルができあがった。それは、考えすぎる神経質な吉田と大雑把な小杉そのままのふたりの個性に合致した、漫才とフリートークがどこまでも地続きな漫才だった。ボケとツッコミという役割というよりは、吉田と小杉がやるからこそ成立するものだったのだ。

『M-1』を優勝して、少し経った頃、とある関西ローカルの番組で吉田の自宅の部屋を

ブラックマヨネーズ
小杉竜一と吉田敬によるお笑いコンビ。ともに大阪NSCの13期生だったふたりが1998年4月にコンビを結成。2005年の『M-1グランプリ』で優勝。神経質な吉田が相談、大雑把な小杉がアドバイス、それを吉田が神経質に否定する、というスタイルの漫才で知られる。

片付けるというロケがあった。

そこで、吉田が書いた「遺書」が見つかる。

それは家族や相方の小杉に宛てたもので、前述の精神的に病んでいた時期のものだ。小杉はそれを見て絶句。「俺、死ぬ気がしてん」と吉田は当時を思い出し涙ぐんだ。小杉はそんな吉田を見て、なんとも言えない表情を浮かべつぶやいた。

「良かったぁ、(M-1)獲って……」[＊2]

[＊1]『splash!!』Vol.2
[＊2] テレビ朝日『ブラマヨとゆかいな仲間たち』2010年11月6日

博多華丸・大吉

漫才「ユーチューバーになりたい」

日本一の漫才師を決する『THE MANZAI』（フジテレビ）の決勝戦。ピーンと張り詰めた緊張感。優勝すれば一気にブレイクできる。だからこの日のために緻密に作り上げた漫才を披露する。だが、この男たちは違っていた。

「華丸さん、髪の毛どうしたんですか？」

冒頭で漫才本編とは無関係に坊主頭になった相方の髪型に触れ、「この歳で坊主になるのは謝罪か大病のどちらか」と軽く笑わす。いわゆる〝枕〟を入れてきたのだ。導入を短くし、ボケの手数を多くし、笑いの量を増やす賞レースでの漫才の主流とは逆行する博多華丸・大吉の漫才に観客の緊張感は一気に和らいだ。

「わたくし、ユーチューバーになりたい」

華丸だからおもしろい、華丸だから笑う

華丸の唐突な宣言から漫才本編が始まる。大吉が戸惑っている中、華丸は食レポを始める。「いや、それはユーチューバーじゃない。『ヒルナンデス』」と静かなトーンでツッコむ大吉。どこまでも日常会話の延長のような力の抜けたやり取りだ。全編がこの調子で、いまの主流である畳み掛けるようなボケや激しいツッコミ、観客を裏切るような展開は一切なく、それどころか明確なオチもないまま、ただずっと淡々と面白いという熟練の漫才を見せつけたのだ。

この漫才で見事優勝決定戦に駒を進めると2本目の冒頭で華丸は「相談があるんですけど」と切り出す。

「ユーチューバーになりたい」と。

それに対し、「本日二度目の劇場公演じゃないから」とツッコむ大吉。まさに華丸・大吉は、テレビ最高峰の賞レースのステージで普段の劇場そのままの漫才を披露したのだ。

「なんであんちゃんたち出ないの?」

ある番組の楽屋で華丸・大吉と顔を合わせたとき、ビートたけしはそう問いかけた。「オレ、ファンなんだよ」と。華丸・大吉は2011年に出場以来、『THE MANZAI』には出場していなかった。この大会は若手芸人がチャンスを掴む場だと考えていたからだ。だが、たけしにそんなことを言われて出ないわけにはいかなかった。

華丸はたけしに憧れていた。もちろん、芸人であれば多かれ少なかれたけしへの憧れはあるだろう。しかし、華丸のたけしへの思いは特別だった。小学5年生の頃、タケちゃんマンに大きな衝撃を受けた。

その憧れは、大学生になっても衰えるどころか強くなっていき、華丸は本気でたけし軍団入りを考えるまでになっていた。吉本で活躍するようになってからも、できることならオフィス北野に入りたいと口にしていたほどだ。

吉本興業福岡事務所の第1期生としてデビューし、程なくして福岡のローカル番組に欠かせない存在となった。芸人として「安住の地」を手に入れたといっても過言ではなかった。

だが、ふたりはもがき苦しんでいた。このままぬるま湯に浸かっていてはダメになる。大吉はなんとか福岡ローカル番組の風景を変えたいと、「安住の地」を捨てアメリカに長期ホームステイをするという番組の企画に乗った。だが、これが大問題となった。実は事務所の了承を得ていなかったのだ。大吉は謹慎のような形で芸能活動を休止した。

謹慎中見ないようにしていた華丸の番組をふとした瞬間に見たときが転機だった。大吉はその番組が笑えなかった。相方の良さがまったく出ていなかったからだ。

「その魅力を最大限に引き出すにはどうすれば良いのか、そのためには僕はどう立ち振舞うべきなのか、そんなことばかりを、コンビ結成以来初めてというぐらいに考えていた」[*1]

大吉はそれまでボケの聖域だと考えて遠慮していたネタ作りをするようになった。自分が作るネタでもう一度、華丸の横に立とう。そう決意した。

華丸もまたもがいていた。大吉が復帰しても満たされない思いが募っていた。同期のカンニング竹山や後輩のヒロシが東京で脚光を浴びていた。「安住の地」を捨ててでも東京に行きたい。そしてついに周囲の反対を押し切る形で上京したのだ。

2011年、華丸・大吉は『THE MANZAI』という大きな舞台で憧れのビートたけしの前で漫才を披露した。たけしは敗れた華丸・大吉を労って言った。

「もうちょっと（票を）獲っても良かったんじゃねぇか？」

憧れの人からの言葉に華丸は涙をこらえて絶句。司会の岡村隆史から「泣いていいんだよ！」と言われると華丸は泣き崩れた。

そして2014年、たけしの願いに応じて再出場。謹慎以降、大吉は華丸の魅力を考え抜いてきた。漫才は「人柄（ニン）がものを言う」と大吉は言う。まさに「華丸が言えばおもしろい、華丸だから笑う」という華丸の愛らしい人間性を活かした「日常生活の延長線上のボケ」を集めた漫才で見事優勝した。日本一の漫才師と認められた舞台で大吉はこう締めくくった。

「本当に面白い漫才師さんは劇場にいますんで、是非皆さん劇場に足を運んでください」

［＊1］幻冬舎『年齢学序説』（著：博多大吉）

博多華丸・大吉

ともに福岡県出身のふたりが1990年5月にコンビを結成、吉本興業福岡事務所よりデビュー。地元・福岡で活動した後、2005年より活動の拠点を東京に移す。2014年の『THE MANZAI』で優勝。コンビ仲がとても良いことでも知られる。

キャイ〜ン

僕はこれじゃないよ、これだよ

ふたりがそれぞれの方向から、コミカルに腕を小刻みに振りながら小走りで入ってくる。そして、センターマイクで出会うと、ふたりでおなじみのポーズを作る。

「キャ、イ〜ン！」

ひとりはチビで小太りメガネというういかにもインテリ漫才師的風貌の天野ひろゆき。もうひとりは金髪の独特なモヒカン姿。一目で「バカ」を感じさせる見た目。ウド鈴木である。

彼ら「キャイ〜ン」の漫才はその見た目同様わかりやすい。たとえば、天野が「最近はいろんな事件が多いけど、ウドちゃんみたいなバカは新聞とか読まないからわからないでしょ？」と丁寧に振るとウドから期待通りの答えが返ってくる。

「僕はこう見えても新聞は小学生のときに読み終わりましたからね！」

そんなキャイ〜ンが得意とするのは意外にも時事ネタ漫才だ。といっても同じくそれを得意とする爆笑問題などのようにエッジの効いたボケやツッコミをするわけではない。ひたすらわかりやすくベタなボケを繰り返していく。

そして決まって、ウドが天野を溺愛しているという話になっていく。すると天野は頬の横に手の甲を寄せ、いわいる〝オカマ〟を示すポーズをとって言う。

「お前、完全にこれだろ？」

「僕はこれじゃないよ、これだよ」

ウドはただ左右の手を逆にして言うのだ。

「一緒だよ！」

まさに王道。ベタの教科書のような漫才である。

「国民的バカ」の横にいる自分は「普通」でいい

所属事務所・浅井企画の若手ライブの決起集会で天野はウドに出会った。いや、出会うはずだった。どういうことか。実はウドはその決起集会に7時間遅刻してきたのだ。30分や1時間ではない。当然のように芸人たちから「7時間も遅れたら普通来ないよ!」などというツッコミを浴び、会場は大いに盛り上がった。そんな喧騒を天野は「関わりたくない」と遠巻きに見ていた。

当時、天野は別の相方とコンビを組んでいたが、程なくそれを解消。事務所の先輩らの勧めもあり、ふたりはコンビを結成することになった。

どんな漫才をやりたいのか、と天野が問うと、ウドはこう答えた。

「僕は、人に笑ってもらえる漫才がいいなぁ!」

「当たり前だろ!」[*1]

こうしてキャイ~ンが誕生した。若手の中で随一と定評のあった天野のツッコミと、「キミ、バカでしょ?」と路上でお笑い芸人にスカウトされてもおかしくないほど〝見るからにバカ〟なボケのウド。この強力な組み合わせはすぐに頭角を現した。

だが、天野の心中は複雑だった。ウドがステージに上がるだけで会場からわきあがる笑い声。ツッコむ前の振りの段階で笑いが起こってしまうことも少なくなかった。つまり、漫才の内容より、ウドのキャラクターのほうが勝ってしまうのだ。まさに天野言うところの「国民的バカ」[*1]だった。天野は相方として頼もしいと思う一方で、強い嫉妬も覚えた。加えて、このままでは自分の存在意義がなくなってウドだけが生き残るのではないかという焦燥感があった。自分のツッコミの腕を磨かなければならない。そのためには2年間テレビに出るのはやめよう。この提案にウドは快く了承した。自分が注目され、テレビからもオファーがある状況にも関わらずだ。ウドは天野に全幅の信頼を寄せていたのだ。

ふたりにとって大きな支えとなったのは結成時からマネージャーを務めた矢島秀夫の存在だった。テレビ解禁後も矢島は、コンビの活動にこだわった。当然、強烈なキャラクターのウド単体でのオファーが多かったが、頑なにふたり一緒での出演しか受けなかった。そんな矢島の腐心を知ってか知らずか、天野は矢島に不満をぶちまけたことがある。

「こんなことをやるために、お笑いの世界を目指したわけじゃない！」［＊1］

注目されるのはウドばかり。自分は誰でもできるその他大勢の役割しか与えられなかったからだ。それに対し、矢島は親身に相談に乗ってくれた。そんな対話の中で天野は、「国民的バカ」の横にいる自分は「普通でいいんだ」と気付くことができた。それから、仕事は一気に軌道に乗っていった。天野はウドをこう評している。

「すべてが王道に向かっていく、ウド鈴木の不思議なフィルター。下ネタをやっても嫌らしくならない。難しい話もなぜかバカっぽく聞こえてしまう。もちろん、コンビ揃って王道好きだからという大前提があるにせよ、たとえマニアックなネタをやったとしてもそうはならないし、なれないのです。本当に、ウドちゃんという男は、不思議なフィルターを持った存在です」［＊1］

キャイ〜ン
ウド鈴木と天野ひろゆきによるお笑いコンビ。別々のコンビで活動していたふたりが1991年にコンビを結成。「国民的バカ」とも言われるウドの強烈なボケと、冷静で的確なツッコミの天野というスタイルで人気者に。また、コンビ愛が深いことでも知られる。

ウドを見れば誰もが笑顔になる。どんなに高度な技術や革新的な発想を用いようとも、ウドが入ることで王道でベタな笑いになっていく。ウドが目指した「人に笑ってもらえる漫才」という言葉こそ実はキャイ〜ンの核心なのだ。

［＊1］マイナビ新書『な〜に、ウドちゃん?』（著：天野ひろゆき）

南海キャンディーズ

男女漫才

大きく両手を広げて上げながら舞台に入ってくるふたり。マイクの前に立つと、それぞれがポーズを決め、「どーもー南海キャンディーズでーす」と山里亮太が言うと、しずちゃんこと山崎静代が指でつくった拳銃で「バン！」と撃つ仕草。

「セクシーすぎてごめんなさいねえ」

山里が言うと、しずちゃんは彼の背後に隠れ、いい女風に顔を出す。それに苛立ったように山里は観客に向かって言う。

「その怒りの拳は日本の政治にぶつけてください！」

やりたいことがあると切り出す山里に、しずちゃんがすかさず「女の子にイタズラ？」と言えば、山里は「うーん、この顔にそれはリアルすぎるよ」と返す。医者になりたいという山里にしずちゃんは「じゃあ、山ちゃんお医者さんやって」と提案。

「私、火を怖がるサイやるから」

唖然としながらも「メス」と手術コントを始めるも、横ではしずちゃんはひたすらサイのモノマネ。

「ダメだ、俺、こんな状況生まれて初めてだ！」

その後も、トリッキーなボケを繰り返すしずちゃんに「おーい、しずちゃん、中盤でトリッキーなことするなよ」「ダメだ、俺、こんなじゃじゃ馬扱えないよ！」と山里独特の語彙でツッコんでいく。そして、トリッキーさが頂点に達したところで「もう！」と山里がシンプルにツッコみ、そのままふたりで静かに一礼して帰っていく。これが男女コンビの新しい可能性を切り開いた南海キャンディーズによる漫才である。

山里亮太のもっとも強大な敵で怒りの対象になっているのは自分自身なのだ

「標準語のツッコミは山里亮太以前以後に分けられると思う」[*1]とオードリー若林が評するとおり、山里の否定や注意を越えたワードセンスが冴え渡るツッコミは、革命的だった。それを最大限に引き立てているのが、唯一無二であるしずちゃんのキャラクターであることは疑いがない。そもそもふたりが組んだのは、山里のある姑息な〝計略〟によってだった。二度のコンビ解散を経験し、「イタリア人」という名のピン芸人として活動していた山里は限界を感じ、相方を探していた。候補はすぐに見つかった。ライバルの少ない男女コンビにしたいと思っていた彼の目に飛び込んできたのが、個性むき出しの「大女」だったのだ。だが、彼女は当時別のコンビを組んでいた。そこで、山里は彼女に関する情報を集めていった。彼女の好きなものをリサーチし、話したときにさりげなくその話題を出す。すると、センスが合うと思ってくれるはずだと。そして、自分の長所と彼女の特長をノートに書き連ね分析し、自分なら彼女の良さをこんなに引き出せるとネタを書き、しずちゃんにプレゼンした。その執念が実ってしずちゃんに元のコンビを解消させ、自分とコンビを組ませたのだ。ケンドーコバヤシから、「笑いの才能がなかったら死んだほうがマシ。笑いの才能だけが飛び抜けている」[*2]と人間性を酷評されつつ、最大級の〝称賛〟を浴びる山里らしいエピソードだ。

山里亮太は嫉妬と怒りでできている。まず最初にその対象になったのは吉本の養成所NSCの同期であるキングコングだった。入学当初から際立ったスター性とお笑いセンス

BANG!!!
セクシーすぎてごめんなさいね

で頭角を現していた彼らは、山里に劣等感や挫折感を与えるのに十分な存在だった。山里はその嫉妬と怒りをぶつけるように、ネタを書き続けた。次に山里に嫉妬の感情を芽生えさせたのは、他ならぬ相方のしずちゃんだった。コンビ結成当初は、彼女の個性を持て余し、なかなかうまくは行かなかった。しかし、そのおかげで、悩む時間はたっぷりあった。

「自分は、なぜ相方にしずちゃんを選んだのか？」

この命題がすべてを解決したという。答えはもちろん「おもしろいボケだから」だ。「なのに、自分はそのおもしろいボケを伝えるのではなく張り合おうとしていた」「そのことに気づいたとき、いっきに選択肢が広がってきた。じゃあ自分は何をしたらいい？ボケである相方の足を引っ張ってるスタイルをやめたらいい、ボケを際立たせるための存在になればいい」[*1]

そうしてしずちゃんのキャラクターを最大限いかした漫才を書き上げ、『M-1グランプリ』（朝日放送・テレビ朝日）の決勝に駒を進め強烈なインパクトを与えた。またたくまに南海キャンディーズは時代の寵児になった。だが、やはり世間の視線はわかりやすいしずちゃんに集まった。彼女には映画出演のオファーも舞い込んだ。それに山里はまた嫉妬した。加えて、「私は私のペースでやる」とお笑い芸人としての努力を放棄したような彼女の態度に怒りを覚えた。「いつでも捨てられる準備を」「相方が遊んでいる間にエピソードを作り、ひとりで発表する場を作る」などとノートにしたため、それを実行していった。

南海キャンディーズ
山里亮太と山崎静代によるお笑いコンビ。2003年6月に山里が山崎を誘ってコンビを結成。2004年の『M-1グランプリ』で準優勝、結成2年目にして大ブレイクを果たす。コンビでの活動のみならず山崎は女優業、山里は司会者、ナレーター、ラジオパーソナリティとしても幅広く活躍中。

若林と「たりないふたり」を結成したときのこと。漫才披露後、若林が満足げに舞台を降りると山里は「あそこ、ごめん！　もうちょっと間を取ったほうが良かったよね！」などと毎回のように反省の弁を口にしたのだという。たとえ、99％の成功があったとしても1％のミスに注目し、それに苦悶し、反省し、格闘するのが山里だと若林は語る［＊1］。

そう、山里亮太のもっとも強大な敵でもっとも怒りの対象になっているのは、自分自身なのだ。彼は〝理想の自分〟に常に嫉妬している。それこそが、彼のエネルギーの源泉で、だからこそ、山里は努力し続け革命的なツッコミを生み出すことができたのだ。

［＊1］朝日文庫『天才はあきらめた』（著：山里亮太）
［＊2］テレビ朝日『アメトーーク！』2010年3月25日

オードリー

ズレ漫才

若林正恭が「どーもー」とセンターマイクの前に立っても、まだ相方の春日俊彰は後方を堂々とゆっくり歩いている。ようやく中央に辿り着くとさらに大きく胸を張り、左腕を指しながら言う。

「春日のココ、空いてますよ」

すかさず若林が「ま、誰も入りたい人はいないんですけどね」とあしらうと春日は「ヘッ！」と不気味に笑う。オードリーのお馴染みの登場シーンである。

「デートとかしたいですね」と若林が話題を振ると「そんなわけねえだろ！」と春日がツッコむ。それに対し「何もボケてないのになんでツッコまれたかわからないですけどね」とかわす。そんなボケとツッコミが噛み合わないようなやり取りが続いていく。

若林の理想の春日とは、学生時代から変わらない春日そのものだった

待ち合わせは早いほうがいいと若林が言えば、春日は「朝5時にしろよ！」と返す。当然若林は「早すぎるだろ！」と額を叩く。さらに若林の「手を繋いで町を歩いていくわけですけど……」という言葉を遮るように「キスをしろよ！」とツッコむ春日にやはり「早すぎるだろ！」とツッコミ返す。もうその頃には若林に叩かれた春日の額は真っ赤だ。「夜景が見えるところで女の子と見つめ合う。ここでキスね」と言う若林に今度は春日が「早すぎるだろ！」と間違ったツッコミ。

そんな春日に「お前と漫才やってられねえよ」と若林。「お前、それ本気で言ってるのか？」と問われると「本気で言ってたら何年も一緒に漫才やってねえよ」と返す。するとふたりは向き合って笑い合う。

「エヘヘヘヘ」

これがオードリーの代名詞〝ズレ漫才〟の「デート」だ。

オードリーには結成から約8年間、テレビにまったく出られなかった下積み時代がある。その頃、役割が現在と逆で、若林がボケ、春日がツッコミだったのは有名な話だ。しかし、オーディションでは「どう見ても春日はツッコミとしてポンコツ」などと言われる始末。思案した若林は自分たちを徹底的に見直そうとライブを開催することにした。だが、ライブ会場を借りる金はない。そこで会場となったのが「むつみ荘」。いまや有名になった風呂なし6畳一間の春日が住むアパートだ。10人も入れば満員となる〝会場〟。隣の部屋に声は筒抜けだ。「小声トーク」と名付けられたそのライブの目的はハッキリしていた。トークの模様をすべて録画し、ウケている部分とそうでない部分を分析していったのだ。すると、若林はあることに気付く。

春日のツッコミがほとんど間違っていたのだ。翻って、もっともウケていたのが、春日の間違ったツッコミに若林がツッコミ返すときだった。

そうか！　ツッコミの場所が違う、ニュアンスが違う、そんなツッコミができてないというのをそのまま漫才でやればいいのではないか。

若林は「思いついた瞬間気持ち悪くなった」というほどの天啓を得たのだ。その瞬間、「ズレ漫才」の構造ができあがった。

彼らはなんとかして「売れたい」と試行錯誤を繰り返しながらも当時は売れるということが、リアルに想像できなかった。それでも「夢」を諦め、「辞める」という選択をする

サガワかっ
ウエスギかっ
ムトウかっ
オレらの同級生誰がわかんだよっ
うい

こともできなかった。なぜなら「辞める」理由が見つからなかったからだ。「辞める」にも理由がいる。明確な理由がほしかった。だから苦悩の果て、半ば「クビになること」を目指すようになっていく。クビになるために事務所に怒られそうなことをやる。そのひとつが、漫才なのに、春日がゆっくり歩いて入ってくるというボケだった。また、若林は岡本太郎に惹かれていた。売れず、孤独だった若林は岡本太郎記念館に行き「坐ることを拒否する椅子」に座ると自然と涙が出てきた。

「笑わすことを拒否する漫才を作ろう、そのほうが伝わる」[*1]

若林は春日に「太陽の塔」のように立ってくれ、と提案する。こうして、胸を張って立つ春日のキャラができあがったのだ。

2008年の『M-1グランプリ』（朝日放送・テレビ朝日）では敗者復活戦から勝ち上がり、ズレ漫才「引っ越し」を披露した。途中、春日が台詞を噛んでしまうが、若林は「噛んでんじゃねーよ！」とツッコみ、笑いに変え、最高点を獲得し、最終決戦に進出した。春日が〝失敗〟することも織り込み済みで、それに対応できる漫才に作り上げていたのだ。若林は言う。

「春日は正直面白いことをいえる人間じゃないと思う。でも、すごく面白い人間だと思う」[*2]

そう。春日は決して話芸が達者なわけではない。けれど、その存在こそが面白い。

オードリー

若林正恭と春日俊彰によるお笑いコンビ。中学校の同級生だったふたりが2000年4月にコンビを結成。2008年の『M-1グランプリ』をきっかけにブレイク。コンビのみならず、それぞれに多数のレギュラーを抱えるなど大活躍中。

「なんで気付かなかったのかな？　ってずーっと思うね。ここまで8年だから。この男のことをちゃんと見ていなかったのかな。（略）春日がそういう人間だってことを理解する8年間だったな」［＊3］

ふたりが試行錯誤して様々に変わっていった春日のキャラは、8年経ち、若林の理想像を具現化した「春日」として完成した。そんなキャラとしての「春日」は、結果的に普段の春日を誇張しただけで、もっとも彼の人となりと「ズレ」のない春日だった。つまり、若林の理想の春日とは、実は学生時代から変わらない春日そのものだったのだ。本来のふたりの姿との「ズレ」を解消したときに生まれたのがオードリーの「ズレ漫才」なのだ。

［＊1］『すばる』2011年4月号
［＊2］『ダ・ヴィンチ』2013年3月号
［＊3］フジテレビワンツーネクスト『おどおどオードリー』第15回

第2章

全力

To do my best

目標を達成するには、
全力で取り組む以外に方法はない。そこに近道はない。
（マイケル・ジョーダン）

出川哲朗

出川イングリッシュ

「ドゥユーノー　スカイママ?」

アメリカ人に対して堂々と真正面から尋ねていく出川哲朗。彼が聞きたいのは「空母」のこと。だが、「空母」を英語で何と言っていいかわからない。だから直訳して「スカイママ」だ。「メニメニ　ママ　オン　ザ　ボート」とか言ってみたりする。ボートの上のたくさんのママ。もちろんアメリカ人にはまったく通じない。困惑するアメリカ人に向かって出川は「ドゥユーノー　イングリッシュ?」などと聞いてしまう始末。

いざ、アメリカ人に「空母」の英語が「エアークラフトキャリア」だと聞き出しても、リスニング力が致命的に低い出川は「エレクトリックキャリア」と思い込む。さらに記憶力も悪いからいつの間にか「エレキテルキャビア」になってしまうのだ。

「自由の女神」を「フリーウーマン」、刑務所を「メニメニ　バッドマン　スリーピングハウス」、「宇宙食」に至ってはなぜか「アースフード」と言う。

そんなメチャクチャな英語力でも出川が一生懸命に伝えたいと話しかけると、アメリカ人は放っておけなくなって何とか彼が何を聞こうとしているのかを探り、導いてくれる。文法なんていらない。最終的にはなぜか通じ、出川は出されたミッションの答えを出してしまうのだ。

これが『世界の果てまでイッテQ』（日本テレビ）「出川哲朗のはじめておつかい」で生まれた「出川イングリッシュ」だ。

伝えたい気持ちがあれば、絶対伝わる

いまや日本を代表するリアクション芸人の出川哲朗だが、もともとは俳優志望だった。当時、横浜放送映画専門学院（現：日本映画大学）に入学。その卒業式で出川は「少々のお時間をください」とスピーチを始めたという。

「俺に5年の時間をくれ！　頭出したる、俺に10年の時間をくれ！　有名になったる、俺

に20年の時間をくれ！　頂点とったる、まあ見とけや！」［＊1］

出川は座長としてウッチャンナンチャンら同級生と「劇団SHA・LA・LA」を結成。だが俳優として芽が出ることはなかった。そんな中、ウッチャンナンチャンがお笑い芸人としてブレイク。プライベートで彼らとジェットコースターに乗ったときの怖がったリアクションが面白かったため、それを番組で再現させた。それがリアクション芸人・出川の誕生だった。ちょうど、「頭出したる」と宣言した卒業後5年が経った頃だった。そして『お笑いウルトラクイズ』（日本テレビ）などで活躍し大ブレイク。同番組で〝主役〟を張ったのが卒業10年後のことだった。その回の放送で出川は「一生リアクション」宣言をしたのだ。

頂点を獲ると宣言した20年後、女性雑誌『an・an』の「抱かれたくない男」ランキングではダントツの得票数を集め、ついには殿堂入りに。果ては「砂に埋めたい男」1位にもなった。出てくるだけで「ギャー」と悲鳴があがる、いわば「嫌いな男」の代名詞。それでも良かった。目指す夢の頂点の方向は、芸人たち同士の深い愛情を知ることで、大きく変わっていった。けれど出川はリアクション芸人として間違いなく〝頂点〟を獲ったのだ。

だが、出川が思い描いた未来予想図の先の30年後には、思わぬ転換が待っていた。いまや子供や女性にゆるキャラのように大人気。ある小学校の卒業文集の「尊敬する人」の欄

ドゥユーノー
ガーガーバード？
セイセイセイ

には織田信長や坂本龍馬ら歴史上の偉人と並んで出川哲朗が挙げられ、「夢をかなえる」という番組では女子高生が出川に会うのが夢だと言う。実際出川が会いに行くとたくさんの女子高生たちが「キャー」と感激で号泣してしまうほどだ。10年前と仕事の内容はまったく変わっていないにもかかわらず、好感度は劇的に変化したのだ。

「首の骨以外の全部の骨を折ってきたから、いまここに座ってる訳ですから！」[＊2]

いまや冠番組を持つ出川だが、若い頃から数々の危険で過酷なロケに立ち向かい、満身創痍になりながらリアクション芸に挑み続けてきた。何よりもすごいのは、芸歴30年を迎え、50歳を超えたいまでも、現役バリバリだということだ。それどころか、現時点でももっとも身体を張っている芸人と呼んでも過言ではない。

「僕はどんなに痛くてもどんなにつらくても、結果、笑いさえ起きればOKなんですよ。笑いがここで絶対起きるって確信が持てるんだったら、やっぱり行っちゃうんですよね」[＊3]

現地の専門家が「絶対ダメだ、絶対落ちるから、危ないから素人はやらせない」と言うくらい危険な挑戦であっても「絶対大丈夫だから。絶対死なないから。絶対責任は僕が負うからやらせてくれ」と出川本人が説得して決行したことさえあるという。

現在は10本を超えるCM出演もしているが、「裸になっちゃダメ」だとかリアクション芸人としての活動に制限がつく契約なら10億円積まれても断わると断言している[＊4]。

出川哲朗

1985年にウッチャンナンチャンらと「劇団SHA・LA・LA」を結成。その後『お笑いウルトラクイズ』などで見せるリアクションで大ブレイク。一時は「抱かれたくない男」の常連だったが、現在は老若男女、日本中から愛される人気者となった。

「僕の夢は70歳になっても熱湯に入ったりザリガニで挟まれても可哀想に思われないおじいちゃんになること」[＊5]

「出川イングリッシュ」も体を張った『電波少年』(日本テレビ)のロケの経験があったからこそ生まれたものだ。いきなりひとりで海外に行かされ、最初は何も話せなかった。けれど、そんなことは言ってられないと追い詰められ、必死で外国人に話しかけたら伝わったのだ。そのときに出川は確信した。「伝えたい気持ちがあれば、絶対伝わる」と。思えば、出川は一貫して、周りにどう思われようが自分を信じ、それがいずれ伝わるんだという姿勢で生きてきた。それが、好感度という形で花開いたのだ。出川はよく「こっちが壁を作らなければ、向こうも壁を作らない」と語っているという[＊6]。そうして必死に伝えたいと思って行動すれば、時代をも強引に振り向かせることができるのだ。

「時代ってすごいでしょ。仕事内容なんにも変わってないのに、時代が俺に追いついたんだよ」[＊7]

[＊1] NHK総合『スタジオパークからこんにちは』2011年7月13日
[＊2] 日本テレビ『東野・岡村の旅猿』2014年7月15日
[＊3]『hon・nin』Vol.07
[＊4]「Yahoo!ニュース特集」2019年1月25日
[＊5] 日本テレビ『世界の果てまでイッテQ!』2014年8月24日
[＊6]『ザ・テレビジョン』2018年7月11日
[＊7] 日本テレビ『しゃべくり007』2016年7月11日

伊東四朗

電線音頭

当時人気絶頂だったアイドル・キャンディーズが礼儀作法などを学んでいる。

そこに〝乱入〟してくるのが、伊東四朗扮するベンジャミン伊東率いる「電線軍団」である。まずは小松政夫がコタツの上に駆け上がる。

「わたくし、四畳半のザット・エンターテイメント・小松与太八左衛門でございます！」

そんな名調子に続きベンジャミン伊東が紹介される。感電をした後のようなボサボサの頭とダリのような口ひげ、ド派手な青いラメのジャケットに片手にムチを持っている。アングラサーカス団の団長のようなアナーキーな風貌である。

「人の迷惑顧みずやってきました電線軍団！」

ベンジャミンの口上を合図に手拍子が巻き起こる。

「チュチュンがチュン　チュチュンがチュン♪」

会場中に掛け声を響かせて始まるのが「電線音頭」だ。伊東はそれに合わせコタツの上に舞台にしてハイテンションで踊っていく。やがて、「ヨイヨイヨイヨイ　おっとっとっと」と、その踊りはキャンディーズやゲストにも伝播していく。それはまさに「狂騒」と呼ぶに相応しいシュールな光景だ。さらにわけがわからないのは、数人が踊った後だ。「はるか遠いニューギニアの火力発電所から100万ボルトの電線をひた走り只今参上！」と「デンセンマン」なる〝ヒーロー〟が登場し、まったく同じ踊りを披露し、そのまま去っていくのだ。なぜヒーローなのか、なぜニューギニアなのか、まったく意味不明。しかし「チュチュンがチュン」というフレーズが繰り返される音頭は麻薬的な快楽があった。

「自分騙し」であったベンジャミン伊東は「喜劇役者」としての矜持を具現化したものだった

月曜夜8時から放送していた『みごろ！たべごろ！笑いごろ！』（NETテレビ）で披露

よいよい
よいよい
おっとっとっとっ

されたベンジャミン伊東こと伊東四朗による「電線音頭」は瞬く間に大ブームを巻き起こした。コタツの上で踊り狂うことから、それを子供たちがマネをしてしまうと社会問題になったほどだった。

けれど、この「電線音頭」を生み出したのは実は伊東四朗ではない。その前身番組である『ドカンと一発60分』で桂三枝（現・文枝）がコントの中でアドリブで歌ったものだった。これに手応えを感じたプロデューサーが、ひとつの独立したコーナーにすべく「電線軍団の団長になってくれ」と伊東を口説いたのだ。

伊東四朗にとっても「電線音頭」はわけのわからないものだった。こんなものがウケるのか、元来〝引き芸〟を得意とする伊東は決して乗り気ではなかった。

だが、収録は再来週に迫っているという。追い詰められた伊東は、台本の裏に自分が想像したキャラクターを描いた。衣装やメイクを自ら提案した。

それはせめてもの抵抗だった。いわば「自分隠し」だった。

「あんなバカバカしいものは3、4回やればつぶれると思ってましたので、誰だかわからないように、あのコスチュームとメイクにして、名前も『ベンジャミン』とした」[*1]

だが、「電線音頭」は前述のとおり社会現象を巻き起こすほどブレイク。やがてアポなしで実際の結婚披露宴やお寺などに乱入。大パニックを起こし、警察に「責任者はキミか？」と問われ「ハイ」と答えると始末書まで書かされたこともあるという。

伊東四朗

1958年から舞台に立ち、1961年に戸塚睦夫、三波伸介とともに「ぐうたらトリオ」(後に「てんぷくトリオ」)を結成。トリオ解散後も数多くのバラエティ番組に出演。また『ムー』『おしん』などドラマにも出演、俳優としても高く評価されている。

「四朗ちゃん、あんた大丈夫?」

あるとき、盟友である藤田まことに呼び止められて本気で心配されたという。なぜなら、「電線音頭」を踊る伊東の眼が完全にイッってしまっていたからだ。

「ああいったものは照れてやったのでは誰も引いて観てくれない」[*1]

そう思い振り切って演じた結果だった。喜劇役者仲間まで騙すことができたのだ。そのとき、伊東は成功を確信した。

その後、伊東は朝ドラ『おしん』(NHK総合)で厳格な父親役を演じるなどシリアスな役柄をこなす強面俳優としても評価されていく。

けれど伊東は「あれ(ベンジャミン)をやるのもシリアスなドラマをやるのも同じ」だと語った上でベンジャミン伊東というキャラクターをこう評している。

「色んなバラエティで色んなキャラクターが出てきてますけど、あれほどバカなキャラクターはそれ以後ないと思ってますね。あんなにバカバカしいものないですもん。そういう意味では、誇りに思ってます」[*2]

「自分隠し」で作りあげたベンジャミン伊東は実は「喜劇役者」としての自分の矜持が具現化したものだったのだ。

[*1] 洋泉社『モーレツ!アナーキーテレビ伝説』
[*2] NHK総合『ゆうどき』2015年10月8日

ダチョウ倶楽部

どうぞどうぞ

露天風呂でグラビアアイドルたちがロケをやるらしい。その女風呂を覗くことができないか。そうして考えられた〝作戦〟が逆バンジージャンプだった。逆バンジーで飛ばされれば、上空から見ることができるのではないかというものだ。

これはナインティナインの番組『ナイナイナ』（テレビ朝日）での一幕。ゲストはダチョウ倶楽部だ。当然、リアクション芸人のダチョウ倶楽部・上島竜兵に逆バンジーをしてもらうためのシチュエーションだった。

だが、現場に訪れた上島は真剣な表情で拒否した。

「聞いてないよォ！」

散々打ち合わせしたうえで、いざ本番となったときに、その一言で爆笑を生んでいたダチョウ倶楽部。けれど、このとき、上島は逆バンジーが用意されていたことを本当に聞いていなかった。だから、当たり前のように自分がやることに納得がいかなかったのだ。

ゴネる上島を見かねてリーダーである肥後克広が自分がやると名乗りでた。すでに莫大な予算と労力をかけてセットを組んでいる。それをムダにしてしまうのはダチョウ倶楽部のメンツにかけて許せなかった。そんな肥後の言葉を受けて、リーダーにだけオイシイところを持っていかれたくない寺門ジモンも「やる」と言う。さらに、岡村隆史も「自分の番組だから僕がやりますよ」と主張すると、あれだけ嫌がっていた上島がやっぱり自分がやると言い出したのだ。

「今の展開、面白い！　カメラ回して、回して！」[*1]

そのやり取りを見ていた当時ディレクターの加地倫三は興奮して指示をした。打ち合わせを再現するように逆バンジーを嫌がる上島。

「だったら、俺がやるよ」

「いやいや、俺がやるよ！」

「僕にやらせてください！」

肥後、寺門、そして岡村が手を挙げる。

「……じゃあ、俺がやるよ」

「どうぞどうぞ」

その後、定番になったギャグの誕生である。このギャグは東日本大震災後、買い占め問題が起こったときに「ウエシマ作戦」として譲りあう精神を促す呼びかけに使われるという現象まで巻き起こした。

「訴えてやる!」も「どうぞどうぞ」も本気の叫びから生まれたものだった

いまや日本を代表するリアクション芸人である上島竜兵だが、もともとは俳優志望。「テアトルエコー」に入門した上島はそこで寺門ジモンに出会った。彼に誘われるままにお笑いの世界に飛び込んだのだ。

1990年当時、「お笑い第3世代」がアイドル的人気を誇っていた。この頃ダチョウ倶楽部は、「ネタは面白いけど、トーク番組やバラエティに出たらダメ」という評価だった。いわばテレビでは使いにくいと言われていたのだ。

大きな転機となったのが『お笑いウルトラクイズ』(日本テレビ)だった。しかし、初めて出演したときはまったく何もできなかった。

「もう二度とこんな番組出ないよ」

失意の上島はそう思った。「かなわない」という気持ちももちろんあったがそれ以上に、コント師としてのプライドがあった。

「基本的にうぬぼれ屋だから、体張った芸で笑わせたくないっていうのがあった。それにこの当時は別の理想があったのよ。トークで笑わせたい、センスで笑わせたい、と」[*2]

そんな上島の思いとは裏腹に次の回の『お笑いウルトラクイズ』の出演者にもダチョウ倶楽部は名を連ねていた。やはり途中までまったく何もできなかった。だが、「銭湯イントロクイズ」というコーナーが彼らの運命を変える。

2〜3人くらいチャレンジしたところで、見ていたビートたけしが「面白くねえな」と言い出し、早々に切り上げようとしていた。たけしは井手らっきょを呼び、裸になるように指示していたのを上島は偶然耳にする。

「よし、これだ!」と思った上島は海パンを脱いで裸になる。それを見た共演者がマイクをお尻の穴に突っ込むと、大爆笑になった。

それがリアクション芸人・上島竜兵の誕生だった。

その後、『お笑いウルトラクイズ』で「バス吊り上げアップダウンクイズ」「リュックサック爆弾クイズ」などなど、数々の爪痕を残したダチョウ倶楽部はリアクシュン芸人の

ダチョウ倶楽部
肥後克広、寺門ジモン、上島竜兵によるお笑いトリオ。1985年に南部虎弾を含む4人組として結成、1987年より現在の3人で活動中。身体を張った芸風が持ち味で、「聞いてないよォ!」に代表されるリアクション芸人の押しも押されぬ第一人者。

代名詞となっていった。

その結果、同番組で生まれた「聞いてないよォ!」が1993年の流行語大賞銀賞に選ばれるなど大人気に。初の冠番組『つかみはOK!』(TBS)も始まった。忙しさはピークを迎えた。

「熱湯、熱湯、熱湯、バンジー、また熱湯って感じの1週間のスケジュールだったね。スタントマンじゃないって!」[*2]

「訴えてやる!」も「どうぞどうぞ」も本気の叫びから生まれたものだ。真実の断末魔だからこそ、心に深く刻み込まれるのだ。

自ら「ヨゴレ」を名乗るダチョウ倶楽部は胸を張ってこう宣言している。

「自分より絶対バカだと思うヤツに、『あいつバカだよ』って笑われたい」[*2]

[*1] 双葉社『FromD―リアクション芸人就職情報』(著:ダチョウ倶楽部)
[*2] 竹書房『これが俺の芸風だ!!』(著:上島竜兵)

FUJIWARA・フジモン

ガヤ

〝ひな壇〟に多くの芸人たちが座っている。

テレビでよく見る光景だ。

その中にひときわ目立つ男がいる。ＦＵＪＩＷＡＲＡの「フジモン」こと藤本敏史だ。番組の中の細かなツッコミどころを見逃さず声をあげている。ひな壇の芸人たちの大きな役割のひとつは、その場を盛り上げることだ。「イエーイ!」だとか「フー!」などと賑やかし、「楽しげ」な空間を演出する。いわゆる「ガヤ」だ。あえて偽悪的に言えば、〝その他大勢の仕事〟とも言える。

だが、フジモンはその「ガヤ」の概念を大きく変えた。

たとえば、有名なステーキ屋がスタジオに来て、「ワサビで召し上がっていただくとお肉の良さが引き立ちます」という。

その際、「わー！」だとか「おいしそう！」などと盛り上げるのが普通のガヤだ。

フジモンは違う。

「ジャン・レノと広末涼子！」と、すかさず叫ぶのだ。一見、まったく関係ない単語。しかし、知っているものはピンとくる。ジャン・レノと広末涼子は映画『ＷＡＳＡＢＩ』で共演した。だから、「ワサビ」という単語に反応してフジモンは発したのだ。こうなるとフジモンは止まらない。続けて叫ぶ。

「記者会見で広末が泣いてた！」

この映画の記者会見で広末が謎の涙を見せたことは、当時のワイドショーで大きな話題を呼んだ。そのことを言っているのだ。だが、もちろん、番組とはまったく関係がないし、そもそもそんなことを覚えている人は少ない。けれど、それが重要なアクセントになっている。時に、番組の流れを止めてしまったり、共演者から「うるさい」と言われても止めることができない。それがフジモン流の「ガヤ」だ。

フジモンが頑張れば頑張るほど、テレビが元気になる

フジモンは生粋の「テレビっ子」だ。頭の中には豊富なテレビ知識が詰まっている。ひとたび、関連のある単語が話題に上がると、それがトリガーになって、矢継ぎ早に「ガヤ」が出て来る。フジモン以上に「テレビっ子」であることが、武器になっているお笑い芸人はなかなかいない。フジモンの「ガヤ」は、その他大勢ではできないフジモンならではの仕事だ。特に特番が多くなる時期は真骨頂を発揮する。5時間、6時間の収録が当たり前になると、出演者は疲れ口数が少なくなっていく。そんなとき、フジモンだけは口数が減らない。それどころか、ますます口を開く回数が多くなっていくのだ。

勝手な使命感――。

フジモンはそう自嘲する。

「誰にも頼まれてないのに。それをスタッフさんがね、藤本、頑張ってるなと思ってくれたらいいと思うんですけどね」[*1]

自分が頑張れば、頑張るほど、番組が、テレビが元気になる。その〝使命感〟に燃えているのだ。

子供の頃からテレビが大好きだった。最初に虜になったのは、ザ・ドリフターズだった。「アホになるから見るな」と親に言われても、もちろん見るのはやめられない。学校では彼らの真似をし、笑いを取り、クラスの人気者になった。

そのうちにダウンタウンが登場する。高校生の頃だ。それまで「モテ」という意味では

泥棒に気をつけて
ひな壇チョモランマから
おめざちょうだい
愛を叫ぶ
VTR見る時だけメガネ
さー 踊れ 踊れ

「笑い」は女子たちの中で地位が低かった。だが、彼らの登場はその風景を一変させた。彼らが仕切る『4時ですよーだ』（毎日放送）の会場である心斎橋筋二丁目劇場は女子たちで溢れかえっていたのだ。

お笑いってこんなにキャーキャー言われるんだ。こんなにカッコよくて、モテるんだ。それはフジモンにとって、青春時代の大きな衝撃だった。

次第にこの舞台に立ちたいという思いが強くなっていく。そんなフジモンの思いは意外と早く実現する。『4時ですよーだ』の素人参加コーナーに出演することになったのだ。

「明日、俺ヒーローになれんで！」

自信満々で挑んだ生放送でフジモンはド緊張のあまり〝惨敗〟する。大スベリしたのだ。翌日、朝からはさすがに学校に行けず、なんとか午後から登校するとクラスメイトがどういうことかと聞いてくる。

「あれな、テレビではスタッフがこれ言えって言うねん」

あまりに恥ずかしくて、スタッフのせいにまでした。それでも、「テレビの中の人になる」という夢は捨てきれなかった。

そのトラウマなのか、テレビで一番になりたいというような思いはなくなっていた。ただただダウンタウンやとんねるずのような憧れの人たちのそばにいたい。一緒の舞台に立ちたい。一緒にしゃべりたい。そんなミーハーな思いのほうが強かったのだ。

FUJIWARA・フジモン

本名は藤本敏史。1989年4月にボケの原西孝幸と「FUJIWARA」を結成。コンビでの活動はもちろん、バラエティにおける「ガヤ芸人」としても唯一無二の存在感を示し、多くの芸人仲間、スタッフ、ファンから愛されている。妻は木下優樹菜。

つまりは、フジモンは最初から「ガヤ」のポジション、即ちミーハーな視聴者目線から芸能界に入り、芸能人を見ていたのだ。ダウンタウンを筆頭に吉本の芸人たちはもとより、大好きなとんねるずやおニャン子クラブのメンバーとも共演できた。子供の頃に真似した志村けんとも食事に行った。

「うわ、志村さんや！」

心の中でそう叫びながらも、普通にしゃべっている現実にふと我に変えると震えた。何しろ、小学校のとき一番憧れていた人なのだから。

「今、憧れの人をコンプリートしてる最中です」[＊2]

フジモンはずっと、ミーハーのままだ。それこそがフジモンを唯一無二のガヤ芸人たらしめているのだ。

［＊1］「文春オンライン」2017年4月9日
［＊2］「文春オンライン」2017年4月8日

レイザーラモンRG

あるある早く言いたい

「市川AB蔵」を名乗り市川海老蔵を雑にマネた風貌で登場したレイザーラモンRG。あるあるのお題を募って出された「手羽」に「1個だけあるます」と答える。「普通に言って」と促されるのを無視しRGは「それでは、『手羽あるある』をバービーボーイズの『目を閉じておいでよ』に乗せて歌い上げます」と自らイントロを口ずさみ始める。「手ー羽あるあるはやーく言いたい〜♪」と繰り返しながら、時折「揺れ動く手羽あるある　恥じらいの手羽あるある♪」などと原曲の歌詞を生かしながら歌っていく。このとき、ちゃんとKONTAと杏子のパートをそれぞれ歌い分けているのが、歌も歌マネも得意なRGならではだ。

周囲の芸人たちが「早く言えよ」などとツッコんでも、気にせず「手羽、閉じておいでよ♪」と気持ちよさげに歌い続ける。

そしていよいよ1コーラス目の最後に差し掛かると「手羽あるあるいまから言うよー」と宣言。

「手羽先を　食べるときは　真ん中で　折って食べる♪」

こうしてひとつのお題に対し、「あるある言いたい」と80〜90年代を中心とした名曲に乗せ、肝心の「あるある」をなかなか言わないまま長々と歌い上げ、最後にひとつだけシンプルな「あるある」を披露するのがレイザーラモンRGの「あるある」ネタだ。「OLあるある」を振られればTUBEの「シーズン・イン・ザ・サン」に乗せ「羽織りがち」、オメガトライブの「君は1000%」に乗せた「年末あるある」なら「スポーツ選手がめっちゃテレビ出る」だ。

「あるある」で人と人が繋がっていく

レイザーラモンRGはもともと、相方のHGが2005年に全国的にブレイクを果たした際に便乗して生まれたキャラだった。HGがプロレス団体「ハッスル」にエース格として迎えられると、RGも寄生虫のように参戦。当初は激しいブーイングを浴びたが、プロレスラーの激しい攻撃に受け身を取り続ける姿はプロレスファンにも認められ、団体に欠かせない選手になっていった。だが、経営難だったハッスルは事実上崩壊。RGは仕事を失った。

そんなときに生まれたのが「あるある」だった。

きっかけはケンドーコバヤシの一言。HGの結婚式のときのこと。挨拶に登壇したRGの緊張でこわばった顔に「市川海老蔵か」とツッコンだのだ。先輩から〝ヒント〟をもらったら、とりあえずすぐにやってみるスピード感を大事にしていたRGは翌日すぐに海老蔵風の衣装を発注した。「市川AB蔵」の誕生である。ちょうど、その頃、『リンカーン』（TBS）の「あるある芸人エレベーター」という企画からオファーが来た。「あるある」ネタなどやったことがないRGは、市川AB蔵で出ることにした。だが、それだけでは弱い。海老蔵といえば「おーいお茶」。だったら石井明美の「CHA-CHA-CHA」に乗せて「歌舞伎あるある」を披露しようと思い立った。曲に乗せた歌舞伎あるある「中村勘三郎さんのことをいつまでも勘九郎って呼びがち」のバカバカしさは大いにウケた。

けれど、当のRGもそれの何が面白いのかが理解できず悩んだ。そんなRGを救ったのもまたケンドーコバヤシだった。宮川大輔とともにRGを飲みに誘ったコバは、「手羽あるあるなんかないやろ？」と尋ねた。その瞬間、「あ！　手羽あるあるはバービーボーイズの『目を閉じておいでよ』にのせて、『手羽先を食べるときは真ん中を折って食べるだ！』と天啓を得た。それを聴いたふたりは腹を抱えて笑い、一晩中「あるある」をリクエストし続けた。そんな「あるある1000本ノック」でRGの「あるある」は鍛えられていった。

この「あるある」ネタをもっと多くの場で試したい。そうしてRGは、様々なイベントを自ら立ち上げるようになっていった。

「俺たちはネタだけ作るからって、こもってネタを作るのは一見大変そうだけど楽なんです。そういう人は逃げてると思うんですよね。それより外へ出て、あまり接することのない人と会ったりするほうがしんどいですもん」[＊1]

そうして出会った人たちによって「あるある」は完成されていく。よくRGは「あるある」は「団体芸」なのだ、と言う。

「曲はアーティストさんが作り、周りが『早く言え』と盛り上げ、で、オチを歌った後も『何やねんそれ！』ってみんなで言う団体芸」[＊2]

だからこそ人と人の関係が大事になる。「出会いには本当に恵まれてると思います。そこに運を使いすぎてるんじゃないかってぐらい」[＊3]というが、もちろんそれはただの「運」ではないだろう。RGが何事にも積極的に飛び込んでいったからこそたぐり寄せたものに違いない。

よくRGは「ハートが強い」と評される。それをRGは「(先輩芸人たちに)過保護に育てられてるだけ」と言うのだ。

「『RG、何してもいいよ』と。あるあるを1分続けるの勇気いるって言いますけど、みんな『はやく言えよ!』って言ってくれますし」[*4]

先輩たちに愛され、それが周りに伝播していく。「万物に『あるある』は存在してる」[*5]と言うように「あるある」で人と人が繋がっていく。

「楽屋でウケている感じを、ずっと広げていければと思っています。究極的には、日本全国が僕らの楽屋になればいい」[*6]

[*1]『POPEYE』2013年1月号
[*2]「ぴあ関西版WEB」2013年4月18日
[*3]「お笑いナタリー」2013年8月14日
[*4]ニッポン放送『ゆずのオールナイトニッポンGOLD』2013年3月26日
[*5]ニッポン放送『オードリーのオールナイトニッポン』2012年9月1日
[*6]「日刊サイゾー」2014年2月19日

レイザーラモンRG

本名は出渕誠。1997年10月、大学在学中の住谷正樹とお笑いコンビ「レイザーラモン」を結成。住谷が「レイザーラモンHG」として大ブレイクしたことを受けて、自身は「レイザーラモンRG」として活動を開始。無限の「あるある」と強すぎるハートで知られる。

イジリー岡田

高速ベロ

楽屋の前に満面の笑みを浮かべ男が立っている。イジリー岡田である。その楽屋が自分のものだと気付いたスタジオの女性タレントの悲鳴があがる。

『渡辺篤史の建もの探訪』（テレビ朝日）をパロディにした「イジリー岡田の楽屋探訪」などのタイトルで、女性タレントへのドッキリ仕掛け人として様々な番組に登場している。

楽屋に入ると、その中のものを物色しながら、私服を見つければ、それを抱きしめ、靴があればそれを履いてみる。

その都度、合間に「わかりました」などと渡辺篤史や下條アトム、坂上二郎といった得意のモノマネを挟み込んでいく。

お弁当の食べ残しがあれば、いやらしく食べ、使ったであろう箸を咥える。バッグを開けて化粧品を見つけると、自ら使って見せ、その相手が出したＣＤや写真集など見つけると、さり気なく宣伝を挟みつつ、写っている写真にキス。

イジリーの一挙手一投足にスタジオから「もうやめてー！」と懇願の声があがる。だが、もちろんそんなことでやめるわけがない。

「ギルガメッシュ！」

自身のエロ芸を開発した伝説的お色気番組の決めポーズを軽やかに披露しながらさらに楽屋を探索していく。

極めつけはリップや歯ブラシを見つけたときだ。

イジリーはそれを口元に持っていき、ゆっくりと口を開け舌を出す。そして次の瞬間、その舌が生き物のように激しく高速で動き出す。いわゆる「高速ベロ」である。それで執拗に舐め回した挙句、最後には食べてしまうのだ。スタジオの悲鳴は絶叫に変わった。

開き直ったイジリーはエスカレート、エロ芸を極めていった

イジリー岡田は芸風・芸名・風貌、そのすべてが下ネタのようだ。伝説のエロ番組『ギルガメッシュないと』（テレビ東京）の象徴であり、いまや「高速ベロ」はエロ芸の代名詞だ。だが、もともとイジリーは、テレビでは一切下ネタをやらない萩本欽一に憧れて芸人を志したとおり、下ネタが大嫌いだった。何しろ、エロ芸のトップに立ったいまでも、「オナニー」という単語を人前では言えないというのだ。卑猥なものを連想させる「イジリー」という芸名も、実は前説で客いじりが得意だったから命名されたもの。改名の際は、事務所の先輩である榊原郁恵や吉村明宏に囲まれて金屏風の前で襲名披露まで行うほど、事務所から期待されていた。

担当マネージャーも「岡田はゴールデンに行く前に、深夜で1回練習させて。何度か場数を踏ませてから行くから。深夜の番組、どんな番組でもいいから。俺は走り回って、歩き回って見つけてくるよ」と時間をかけて丁寧に育てようと意気込んでいた。だが、そう

して取ってきた深夜番組のひとつが『ギルガメッシュないと』だったことで、イジリーの運命は大きく変わっていった。

エロ番組に出ることに逡巡するイジリーに「どうせ3ヶ月で終わるから」などとマネージャーは説得。こうした番組でもイジリーの経験に少しでもなれば、という思いだったのだろう。だが、番組初の仕事がいきなりAV女優のお宅訪問だった。下着や大人のおもちゃを目にしてドギマギするイジリーにディレクターの激が飛ぶ。

「下着を見つけたら、普通匂いを嗅ぐだろ！」と。

このロケで、イジリーの覚悟は決まった。開き直った彼はどんどんエスカレートしていき、それとともに番組の人気も上がっていった。

そんな中、番組に大きな転換期が訪れた。『ボキャブラ天国』（フジテレビ）ブームが到来し、若手芸人の人気が急上昇したのだ。イジリーが司会をしていた人気コーナー「ギルガメ治療院」に、若手芸人が起用され始め、次第にイジリーの居場所がなくなっていく。そのままイジリーは番組を降板。下ネタから脱却したかったイジリーにとってもちょうど良い幕引きだった。

しかし、イジリーが去った後、番組の歯車が狂いだした。象徴であるイジリーの不在は視聴者にとっても大きな不満だった。アンケートハガキなどには必ずと言っていいほど「イジリーを戻してくれ」という文言が添えられていた。それともうひとつ、イジリーは

イジリー岡田

「キッドカット」というコンビでデビュー、解散後はピン芸人として活動していたが、1991年に客いじりが上手さから「イジリー岡田」と改名。その直後より『ギルガメッシュないと』に出演、「高速ベロ」などの下品ネタで大ブレイクを果たす。

重要な役割を担っていた。女性の集団はとかくグループで分裂しやすい。その仲を取り持ってバランスを取っていたのがイジリーだったのだ。イジリーがいなくなって彼女たちの仲がグジャグジャに悪化したという。

そんな状況で立ち上がったのが当時司会を務めていた飯島愛だ。

「イジリーちゃん、戻ってきてよ」

電話で訴える飯島にイジリーは、自分は辞めさせられた身だと説明。すると飯島は番組プロデューサーに直談判するのだ。

「アタシが『ギルガメ』を守っていきたいんだけど、条件がある。イジリー岡田を返してほしい」[＊1]

飯島愛の自らの進退をかけた説得によって番組に復帰したイジリー岡田はその後、エロ芸に邁進し、それを極めていったのだ。

［＊1］ニッポン放送『オードリーのオールナイトニッポン』2015年8月29日

テント

クモの決闘

「なかなか生で見れませんよ。テレビでもほとんど見れませんよ」

大きな丸メガネに色鮮やかな衣装。痩せた体型同様、細く高い声で独特な口調で語る。めったに見れないことから「ツチノコ芸人」と呼ばれる〝幻のボードビリアン〟テントである。

2016年9月27日、乗用車にはねられ、その生涯を閉じた。65歳だった。誰も予想できない形で、本当に見られなくなってしまったのだ。

予想がつかないのはその死に様だけではない。彼の言動は常に予想を超えていた。その奇妙で見たことのない芸風は、見るものをどこか不安にさせた。

「言うときますが、これオモロなかったら、これからずっとオモロないよ」

そんな言葉を挟みながら、淡々と漫談は続いていく。

「ウィッ、ウィッ、ウィッ」

両肩を大きくすくめながらそう言うと、ネタが切り替わる合図だ。

今度は、テーブルの上に、右手、左手、それぞれの手をクモに見立てる。そして、それを戦わせる。

「クモの決闘」だ。

「結構ね、いい勝負ですね」

両手が激しく絡み合う。いつの間にか、それはクモにしか見えないものになっていく。指に魂が宿ったかのようだ。どちらかが動かなくなれるまで戦いは続く。すると、左手が裏返り、動きを止めた。

「これで勝ちましたね」と、決着がついたと思った刹那、「あ、まだ生きてます」とまた動き出す。

長いときは、6時間以上の大勝負になるという。テント本人のさじ加減ひとつのように思えるが本人さえ、その勝負の行方はわからないという。本気なのだ。早回しになったり、スローモーションをはさみながら、ついに1匹のクモが死んだ。

テントは気弱そうな声とは裏腹に堂々と言い放つ。

「わからん人ほっときますよ。いちいち説明しませんよ。義務教育やないねんからね」

常に自分を裏切ろうとしてきたテントの一人遊びは、自分さえ予想ができない芸に昇華した

本人が「一人っ子やから一人で遊んでましたね。それがいまの芸風に繋がってる」[*1]と言うように「テントワールド」とも言われる独特な芸風が生まれたのはその家庭環境にあった。テント商を営む家に生まれたテントは母親から溺愛された。「超」がつくほど過保護に育てられ、ケガをしないようにとスポーツを禁止され、外で遊ぶこともできなかった。自然と自分ひとりで遊ぶようになった。そんな中、ラジオから聞こえてくる花菱アチャコの話芸に魅了され、寄席に通うようになる。そこで70歳を超えた芸人たちが観客を笑わせている姿に感動し、自分も将来寄席に立ちたいと思うようになっていった。

そこでテントは奇妙な目標を立てた。それは「鏡の中の自分を笑わせること」[*2]。鏡の前で自分自身を客にしてギャグをしはじめたのだ。自分を笑わすことは並大抵なことではない。自分を裏切らなければならないからだ。そんな一人遊びをし続け、独特な世界を作り上げていったのだ。

シャカシャカシャカ
ウィーン
ウィウィウィ
ウィーン

テントは腹話術師・川上のぼるに弟子入りしデビュー。だが、その唯一無二な芸風は理解されず、寄席の出番は減っていった。そんなときに出会ったのが上岡龍太郎だった。天才は天才を知る。上岡はテントの才能を高く評価して、寵愛した。上岡の自宅でテントの誕生パーティを開くほどだった。そんな関係がしばらく続くと、テントは上岡龍太郎に弟子入りした。

ふたりが営業先から帰るため電車に乗っていたときだった。退屈しのぎにテントは手遊びを始めた。

「なにしてんねん？」と師匠が訊くと、テントは言う。

「クモの決闘です」

どっちが勝つかわからないというテントに上岡は提案した。

「ほんなら、1000円賭けよか？　僕は右手が勝つと思うわ」

上岡は「本気でやれよ」と念を押し、その勝負の行方を見守った。それは死闘だった。

やがて、左手が力尽きた。賭けは師匠の勝ちだった。

「なんでわかったんですか？」

テントが師匠に尋ねると、上岡は即答した。

「自分、右利きやろ」

これがテントの代表作「クモの決闘」誕生の瞬間だった。言ってみれば子供の頃の一人

テント

めったに見れないことから「ツチノコ芸人」と呼ばれ、晩年は自ら「架空の人物」を名乗った幻の関西芸人。師匠は上岡龍太郎。人を食った芸風は芸人仲間から愛され、みうらじゅんや中島らもなど文化人からもカルト的な支持を得た。2016年9月、交通事故で逝去。

遊びの延長だ。だが、「鏡の中の自分を笑わせること」を課し、常に自分を裏切ろうとしてきたテントのその一人遊びは、見るものはもちろん、自分さえ予想ができない芸に昇華したのだ。

テントの名刺には「ツチノコ芸人」らしく連絡先も何も書かれていないという。あるのはテントの顔写真だけ。それに一言肩書のようなものが添えられている。

「架空の人物」[*3]

まさにテントは架空の人物のように生き、そして、死んだ。

「急やもん」

テント自身がよく使ったフレーズそのままに、その死はあまりに突然だった。

「さすがの私も言葉がございません」[*4]

その最愛の弟子の死に普段饒舌な上岡龍太郎も言葉をつまらせた。

[*1] 日本テレビ『news every』2016年9月28日
[*2] ABCテレビ『ナンバ壱番館』2003年1月9日
[*3] 「後藤ひろひとブログ ひろぐ」2016年9月28日
[*4] 『日刊スポーツ』2016年9月29日

ハリウッドザコシショウ

誇張モノマネ

「ハリウッドザコシショウのものまね大連発」

画用紙に手書きで書かれた演目を携えステージに上がってきた男は黒いテンガロンハットに黒のブリーフ一丁という出で立ち。

「肌寒ぃでございますね」

そう観客に呼びかけると、自分のモノマネネタは2兆個あるとうそぶき、画用紙をめくる。

するとそこには「キンタロー。」と書かれている。「エィケービィーのぉ、マエダアツコぉ……」と彼女のデフォルメされた前田敦子のモノマネのモノマネをさらにデフォルメして演じていく。さらに横向きになって「もう1回」と、尻を思いっきり突き出してやる。

もはや正気の沙汰ではないんじゃないかと客が困惑しているとすかさず言う。

「酔っ払ってないですよ」

そして「恥も外聞もなくオリラジのマネをあえてやる」、「誇張しすぎたザキヤマ」と〝モノマネ〟ネタは続いていく。「まずは普通のザキヤマをやります」と言ってやるモノマネがすでに誇張しまくっているのだ。見るものの「モノマネ」という概念が崩壊していく。

最後は「古畑任三郎」である。眉間を抑えながら「アランバンデレン〜」と意味不明な呪文のような言葉を唱えていく。

「ハンマーカンマー」と。

田村正和演じる古畑任三郎を見て、実際にそう聞こえたのかもしれない。

これが、ハリウッドザコシショウの「誇張モノマネ」である。ザコシショウは、この破壊的ネタで2016年のピン芸人ナンバー1を決する『R-1ぐらんぷり』（関西テレビ・フジテレビ）で見事優勝を果たした。古畑のモノマネを終えたザコシショウは観客に向かって決め台詞。

「お察しします」

同じ章で取り上げているベンジャミン伊東を伊東四朗本人は「あれほどバカなキャラクターはいない」と称したが、ハリウッドザコシショウほどそのキャラクターにとどまらず存在自体が「バカ」な芸人も珍しい。

ウケるウケないは関係ない一生懸命何かを作る、その出来事が面白い

「アンタねぇ……、いつも人のせいにばっかりしてるからだよ！」

『R-1』の予選が始まる少し前、ザコシショウは同期のケンドーコバヤシと、後輩のバイきんぐ・小峠と呑んでいるときだった。「なんで俺だけテレビ出れねえんだ！」と愚痴ると、小峠が我慢できずに激昂したのだ。ザコシショウはその言葉に泣きじゃくってしまったという。

芸歴24年の42歳。これまでアナーキーな芸風で芸人に愛されるタイプの芸人だった。それ故に、ライブなどでは絶大な支持を集めていたが「テレビ的」ではないと言われ続け、日の目を見ることはないだろうと思われてきた。

そんなザコシショウも一度は芸人を辞めようと思ったことがあったという。もともとは「G☆MENS」というコンビで活動していた。相方のキャラクターが注目されレギュラー番組を持つようになった矢先、突然解散を言い渡される。

急にピンネタをやらなければならなくなったザコシショウは舞台に立っても足が震え、台詞も出てこない状態に陥ってしまった。失意の彼は芸人を辞め、マンガ家を志す。だが、幸か不幸か、持ち込んだ4コママンガは編集者から「フリ、オチ」の構造から酷評されるというお笑い芸人にあるまじき結果だった。

奮起した彼は、芸人として活動を再開。新たな事務所で出会ったのがバイきんぐだった。意気投合した彼らは合同ライブを始めた。初回の客はたった9人。ライブの打ち合わせで焼き鳥屋に行った3人は「苦労するときも一緒、楽しいときも一緒」と誓い合った。焼き鳥のねぎまを片手に、『三國志』の劉備、張飛、関羽を模して「桃園の誓い」をし、〝義兄弟〟の契りを交わしたのだ。

だから、「人のせいにばっかりしてる」という小峠の叱責は、ザコシショウの心に火をつけたのだろう。

自分が売れないのを観客や審査員のせいにするのはやめた。どうしたら、自分の信じた笑いが、多くの人に伝わるかを考え抜いた。

象徴的なのが風貌の変化だ。白ブリーフから黒のブリーフに変えたのだ。

同じパンツ一丁でも清潔感という意味で大きな違いがあった。ネタの構成はわかりやすいように「時事ネタ」を入れ、コアなものだけではなく、わかりやすいものも挟んだ。それまで何の説明もなくやっていたものをちゃんと「誇張した〜」と注釈を加えた。

ハリウッドザコシショウ
1992年に11期生として大阪NSCに入学、翌年デビュー。長らく異能の芸人として知られていたが、2007年の『あらびき団』がきっかけとなり、その名が広く知られることになった。そして2016年の『R-1ぐらんぷり』で見事優勝を果たす。

それが功を奏したのか、単に時流に乗っただけなのかはわからない。けれど、あの日、爆笑をかっさらい、その後、テレビで眩しい活躍を続けていることは確かだ。オファーが「1兆個増えた」とザコシショウは誇張して笑う。

かつて東野幸治はザコシショウをこう評している。「ウケるウケないは関係ない。一生懸命何か作ってはる。その出来事が面白いんです。この人の粗い芸から滲み出る人間性や生活や楽屋にあるいろんなもんが見え隠れする」［＊1］

そして「こんな人生送れない」と讃えた。その人生こそが彼の芸そのものだ。

［＊1］『CONTINUE』Vol.40

明石家さんま

雑談

間が抜けた軽快な音楽がなると、スタジオの中央には丸テーブルを挟んで、明石家さんまとタモリが立っている。ふたりは、すぐに即興で話し始める。

「俺が遅刻多いんで、『俺が近道を教えてあげる』って、一緒に行って警察に捕まったの覚えてるでしょ？」

何度となく話した鉄板話を淀みなく話し始めるさんま。

「あんただけはとんでもなくひどい男だと思ったわ」

そう言いながら、時に脱線しながら、時に簡潔に、時にボケながら、話のディティールを語っていく。車の免許をとって間もなくの頃、タモリがさんまにスタジオアルタまでの近道を教えてあげようと、ある日、さんまの車にタモリが同乗し、アルタに向かった。環七通りを走っているときだ。車線変更をした際に、警察に止められてしまった。「しもたーって。でもさんまとタモリを警察の人も知ってはるから。『すみまへん、「いいとも！」に間に合いまへんねん。急がなあかんから勘弁してくれませんか？』ってタモリさんに『ねえ？』って言ったら『別に。まだ大丈夫だよ』って」

タモリが突っ伏して笑い、場内も爆笑に包まれる。

明石家さんまにかかれば、セットなど丸テーブルひとつで十分だ。いや、それすらいらない。話し相手さえいればいい。それが先輩芸人、同期、後輩でも誰でもいい。俳優や歌手、子役はおろか素人でも構わない。相手がひとりでもいれば、さんまが相手の話を引き出しながら、どんな話題だろうが、それを全部自分の話に持っていき、笑いに変えていく。ボケ・ツッコミも自在。それが、明石家さんまの「雑談」芸だ。

自殺するか、しゃべるか

「センスよろしいから」

1974年、笑福亭松之助に弟子入りしたさんまは、師匠から「なぜ自分を選んだのか」という問いに不遜にもそう答えた。そんなさんまを松之助はオモロイ奴と懐深く受け入れた。落語家としては実力を発揮しきれずにいたさんまの〝戦場〟は、楽屋だった。ほぼ同期の島田紳助やオール巨人や先輩の笑福亭鶴瓶らと、どんな面白い雑談をするかが毎日勝負だった。やがて、ラジオやテレビに出演し始めると、さんまの才能が一気に開花した。瞬く間に関西では「西の郷ひろみ」などと呼ばれるアイドル的人気を得ることになる。だが、折しも時代は「マンザイブーム」を迎える。漫才コンビが持て囃され、ピン芸人であるさんまは苦しむことになる。同期の紳助も紳助・竜介として人気絶頂になっていた。けれど、さんまは「どんどん先を走ればええ。俺はお前らが息切れして倒れたとこに、ゆっくり行かせてもらうわ」[*1]と冷静だった。その言葉どおり、「マンザイブーム」が収束し、アイドル的人気だったコンビたちと入れ替わるようにさんまは、テレビの主役に躍り出ていく。『オレたちひょうきん族』(フジテレビ)でも、番組開始当初、クレジットも最後に紹介されたさんまだったが、次第に〝主役〟のひとりとなっていき、1982年10月以降、たけしと並び、最初にクレジットされるようになっていった。

1984年から『笑っていいとも!』(フジテレビ)のレギュラーに起用されたさんまは、タモリとのフリートーク、つまり雑談のコーナーを作ってほしいとスタッフに提案した。放送終了後の後説で交わすフリートークなどで手応えを掴んでいたからだ。だが、「成立はしても視聴率は取れないだろう」と大反対。それでもさんまは「テレビの歴史上ないことだからこそやらしてくれ」と譲らなかった。そうして生まれたのがその後約11年にわたってタイトルを変えながら続いたふたりだけの台本なしの前代未聞の雑談コーナーだったのだ。さんまの脳裏には「雑談を芸にできたら一流や」という師匠の口癖があったに違いない。

このコーナーでさんまはタモリから「この男はまどろむことも知らないし」と言われた。そのとき、さんまは心の中で、「何や？『まどろむ』って何や？」と頭を巡らせたという[*2]。さんまの辞書に「まどろむ」なんて言葉はなかったのだ。それくらい、さんまは生き急ぐようにしゃべり続け、芸能界を突っ走り続けてきた。そんなさんまも一度だけ「まどろむ」ように仕事を仕事量が落ちたことがある。それは80年代末から90年代始めにかけて。ちょうど『オレたちひょうきん族』が終わった前後だ。たけしやタモリら先輩との関係性で笑いを取る「コバンザメ」キャラから脱却し、自らが〝座長〟として番組を回す役割への転換期でもあった。それまでトップだったNHKの「好きなタレント調査」で1位から陥落。ほぼ唯一のさんまの〝低迷期〟ともいえる。しかし、この低迷は、さんま自身が自らの意志で仕事をセーブしていた側面もあった。なぜなら大竹しのぶと結婚し、家族ができたからだ。家庭優先を自ら選んだのだ。その頃も「トップランナーやと思ってる人の背中が見えてたから安心してた。背中が見えているうちは休める」[*2]と冷静だった。けれど、1992年に離婚。そこから皮肉にもさんまの〝逆襲〟が始まった。莫大な借

明石家さんま

1974年2月、落語家の2代目笑福亭松之助に弟子入り。『オレたちひょうきん族』での大ブレイク以降、現在まで日本のバラエティ最前線でしゃべり続けている国民的お笑いスター。ビートたけし、タモリとともに「お笑いBIG3」と呼ばれる。

金を背負ったさんまは選択を迫られる。

「自殺するか、しゃべるか」[＊3]

答えは簡単だった。もう「まどろむ」暇も理由もない。「生きてるだけで丸もうけ」というのはあまりにも有名なさんまの座右の銘だ。どんな逆境に立たされても生きていればそれだけでいい、「つらいときでも笑ってられる」そんな心持ちを謳った言葉だろう。

「僕はその時々でハングリーさが出る位置に気持ちを置こうとしてますから、その究極が『生きてるだけで丸もうけ』という言葉に繋がると思う」[＊4]

それを体現するようにさんまは、どんな番組でも全身を使って汗だくになりながらしゃべり続け、身体を振り乱して「クァーッ」と声をからして笑っている。彼が手を抜いている姿を目にした記憶がない。「笑いは戦場や」という自身の言葉どおり、共演者と、スタッフと、そして視聴者と常に戦っている。

［＊1］幻冬舎『笑う奴ほどよく眠る』（著：常松裕明）
［＊2］フジテレビ『さんま&女芸人お泊まり会』2018年5月26日
［＊3］「千原ジュニア40歳LIVE」2014年3月30日
［＊4］『hon・nin』Vol.11

第3章

対抗

Counter against authority

何も考えずに権威を敬うことは、
真実に対する最大の敵である。
（アルベルト・アインシュタイン）

ツービート

毒ガス漫才

タキシード姿の正装でサンパチマイクの前に立ったツービートは大歓声を浴びていた。いわゆるマンザイブームの真っ只中。年末の生放送ということで会場は熱気に包まれ異様なムードになっていた。

序盤こそこれまでの鉄板ネタで確実に笑いを取っていたふたりだが、中盤に差し掛かると、一変。新ネタに切り替わった。

「最近は、本音の世の中ってことで漫才が流行ってますけど、テレビで見てると、本当にくだらないテレビがありますね」

ビートたけしがそう振るとビートきよしも調子を併せていく。

「テレビね、テレビ時代ですから」

ここから具体的なテレビCMを挙げ、そのお約束のひとつひとつにツッコミを入れていく。それが機関銃のように次々と繰り返されていくに従って、たけしのテンションも上がっていく。それに釣られるように観客のボルテージも上がっていくのだ。

ツッコミの標的は、CMにとどまらない。「テレビに出ない」などとカッコつけるミュージシャンや、『水戸黄門』などの往年の時代劇にも〝毒ガス〟を浴びせていく。

「ヨボヨボのジジイが全国なんか歩けるわけねえつーの！」

最後には「青春ドラマ」にも噛みつく。

「『よし、あの太陽に向かってダッシュだ！』どこ行くんだ、コノヤロー！」

会場が拍手と笑いに包まれる中、きよしが「もういいわ！」と締める。

これが「伝説」と言われる1980年12月30日、博品館劇場で公開生放送された第5回『THE MANZAI』（フジテレビ）でツービートが披露した〝毒ガス〟漫才だ。

いまでこそマンザイブームの象徴といえばツービートが挙がるが、実はそれまでマンザイブームを引っ張っていたのは、アイドル的人気を誇っていたザ・ぼんちやB&Bだった。だが、この日、彼らは生放送ということもあり、安全策を取り、これまでウケていた鉄板のネタを披露した。けれど、ツービートだけは違っていた。新ネタで勝負し、その実力を知らしめ、ブームのトップに立ったのだ。

マンザイブームとはいわば「吉本芸人」ブームだった。だが、その数少ない例外がツービートだ。彼らは「毒」と「スピード」で関西勢に対抗した。その代表例が「赤信号みんなで渡れば怖くない」だ。管理されることが嫌いで、常識を壊したいと思っていた若者たちに大きな支持を受けていったのだ。その中のひとりがまだ中学生だった爆笑問題・太田光だ。彼はこの日の漫才を全部覚えているという。

「俺がこれまで信じてきたものって全部嘘っぱちだったのかなっていうぐらいのインパクトがありました。たけしさんの切り込み方っていうのはなんて嘘くさいことやってんだよっていうスタンスですから。別に漫才師として優れているかどうかは関係なく、偉い人を散々茶化していく。そういうビートたけしという人の哲学とか考え方が演芸の枠を超えて、俺は一番影響を受けた」[*1]

そう、まさにこの日、ツービートは、いや、ビートたけしは漫才の枠を超え、若者の教祖的存在となったのだ。

赤信号 みんなで 渡れば
怖くない
よしなさいっ

ほんとうの自分なんてくだらない それがわかっているからこそ、冷静でいられた

ビートたけしはブームの絶頂の中でも、ひとり「シラケて」いた。こんなブームは長くは続かないと誰よりも冷静に思っていたのだ。

たけしは「人生に期待するな！」[*2]と語っている。夢なんか叶わない。叶うと思うからダメだったときに落ち込むのだ、と。実際、たけしの本当の夢は、「数学者」や「機械技師」だった。お笑い芸人はいわば、夢破れた後に仕方なく選んだ道だったのだ。

だからこそビートたけしの毒には、どこか諦観のようなものが漂っている。

「オレの人生は、歩いていたら、たまに、電柱にぶつかったり、穴に落ちたり、宝くじ拾ったり、それだけだ」[*2]

目標や希望は見つけられただけで幸せで、それを掴み取ろうなんて思うことは図々しいとたけしは言う。そんな本音をさらけ出した語り口が、「本音の時代」と呼ばれた時代とぴったり引き合ったのだ。

ツービート
ビートたけしとビートきよしによる漫才コンビ。1972年結成。空前のマンザイブームの中、毒ガス漫才で大ブレイクを果たす。現在もたけしは数多くの冠番組に出演、海外では「世界のキタノ」と呼ばれ、映画監督としても高く評価されている。

ほんとうの自分なんてくだらない。たけしは、それがわかっているからこそ、どんなにチヤホヤされても冷静でいられた。

博品館劇場で伝説の漫才を披露したわずか2日後の1981年1月1日。

ビートたけしはもうひとつの「伝説」を作る。

「この番組はですね、ナウいきみたちの番組ではなく、私の番組です！」と堂々と宣言した『ビートたけしのオールナイトニッポン』（ニッポン放送）のスタートである。ビートたけしはこの番組で完全にカリスマ化した。

漫才とラジオ。このふたつの伝説により、ビートたけしは天下を獲ったのだ。

［＊1］NHK BSプレミアム『アナザーストーリーズ』2016年5月4日
［＊2］講談社『真説「たけし！」』（著：ビートたけし）

B&B

もみじまんじゅう

彼らがステージに登場し、口を開くと、観客たちは戸惑った。明らかにそれまで自分たちが見てきた漫才とテンポが違っていたからだ。島田洋七から矢継ぎ早に繰り出される言葉はマシンガンのようだった。相方の島田洋八は、それを邪魔しない最小限の相槌で、漫才を加速させていく。

初めは聞き取れないのではないかと思われた言葉は、そのハッキリとした声質ゆえ、しっかり聞き取ることができる。

ふたりは、自らの故郷である広島と岡山、どちらが都会なのかを五十歩百歩の違いを挙げて言い合っている。いや、言い合っているのではない。広島のほうが都会で、岡山は田舎だと、洋七が一方的にまくし立てているのだ。

おもむろに洋七は洋八のアフロヘアーを掴みジャングルに見立て叫ぶ。

「小野田さーーん！」

そんな時事ネタギャグを挟みつつ、漫才は佳境へ向かう。話題はそれぞれの故郷の名産品に。「きびだんご」があるという洋八に対し、洋七が実演。

「岡山名物、きびだんご～」

あからさまに声のトーンを落として言う。逆に「広島の牡蠣はいかがですかぁ！」と元気良く言う。

「他にもある。やっぱり桃」と洋八。それに対し洋七は太ももを桃に見立て小さく「桃」と一言。

「広島は見てみい」と胸を張ると、体いっぱい使ってその形を表現しながら叫ぶ。

「もみじまんじゅう！」

これが、漫才を8ビートから16ビートに変えたと言われるB＆Bの代表作「広島対岡山」だ。

マンザイブームの瞬間最大風速を受けたB&Bはブーム終焉とともに力尽きた

『THE MANZAI』（フジテレビ）を契機に始まった「マンザイブーム」の最大の立役者が誰かと言えば、B&Bであろう。

ボケ側がマシンガンのように一方的にしゃべるというスタイルは革新的だった。ビートたけしも、劇場でB&Bのこのスタイルを見て、ツービートの漫才のスタイルを変えたというし、島田紳助は、彼らの漫才を一字一句書き起こし研究し、そのシステムを〝パクって〟紳助・竜介の漫才を作り上げたという。

では、そもそもこのスタイルはどのようにして生まれたのだろうか。

実は、島田洋七もまた別のコンビの漫才を見て思いついたのだ。そのコンビとは「浮世亭ケンケン・てるてる」。1975年、マンザイブームが訪れる5年前に解散してしまったコンビだった。

「あ、こんな漫才もあるんだ！」

洋七は驚愕した。ネタ振りが少なくてテンポが早い。これだったら自分にもできるかもしれない。そう思った。まだキャリアの乏しい自分たちには横山やすし・西川きよしや夢路いとし・喜味こいしのような熟練した芸はできない。もちろん時間をかけて、その道を極めるのが王道だ。だが、そんなに待ってはいられなかった。時間をかけたからといってできるようになるとは限らない。だったら早く売れたい。そんな気持ちのほうが勝った。

相方には「なんでやねん」などといった最小限のツッコミだけを任せ、ネタは自分の頭の中だけで考えた。それを、ほとんど即興で相方にぶつけた。だからひとつひとつの完成度は決して高くない。だが、これまでにはないハプニング性と圧倒的な勢いがあった。

「だからテンポをあげるんですよ。そしたらお客さん気づかんやろって。だってやすきよさんとかの芸ないですもん。とにかく早よ喋ったらわけわからんやろと。叩くは押すはごまかしのような漫才だったよ」[*1]

彼らがその革新的漫才を初めて全国の視聴者に見せつけたのはマンザイブーム前夜ともいえる1980年1月に放送された『花王名人劇場』(フジテレビ)の「漫才新幹線」と名付けられた回だった。やす・きよや星セントルイスといったベテランに混じって登場したB&Bは、澤田隆治によって集められた若者中心の観客の度肝を抜いた。若者たちにとってはそれこそが自分たちの求めていた笑いだったのだ。舞台袖のモニターでその光景を見ていた西川きよしは最初こそにこやかに見守っていたが、次第に険しい顔になって、肩を

B&B

島田洋七と島田洋八による漫才コンビ。1975年9月、洋七が洋八に声をかけてB&B(3代目)を結成。80年前半、マンザイブームの瞬間最大風速を受けて大ブレイク。その革新的なスタイルはビートたけしや島田紳助にも大きな影響を与えた。

回してウォーミングアップを始めた。まさに時代が変わった瞬間だった。

この番組の成功がきっかけになって、同年4月には『THE MANZAI』が放送開始。彼らはまたたく間にスターに駆け登った。しかも、B&Bは人気絶頂のとき始まった素人も参加するオーディション番組『お笑いスター誕生!!』(日本テレビ)にも周囲の反対を押し切って出場。見事格の違いを見せつけて10週を勝ち抜き、ブームを牽引した。

だが、ブームの瞬間最大風力を真正面で受け続けたB&Bは、ブーム終焉とともに力尽きた。けれど、B&Bのその功績は、そのときともに戦った芸人たちなら誰でも知っている。ビートたけしは言う。

「あいつには、頭が上がらねえよ」[*2]

[*1]ABCテレビ『漫才歴史ミステリー 笑いのジョブズ』2013年3月24日
[*2]『笑芸人』Vol.1

とんねるず

乱闘事件

静岡県日本平のライブ会場は、約2万人の観客に埋め尽くされていた。その会場がただならぬ雰囲気で騒然となった。

伝説の音楽番組『ザ・ベストテン』（TBS）の400回記念特番だ。ライブ形式の生放送。ヘリコプターを使った空撮などド派手な演出で否が応でも観客のボルテージがあがっていた。そして満を持して「第2位」で登場したのがとんねるずだった。しかも、とんねるずはその興奮のるつぼと化した観客席に姿をあらわしたのだ。石橋貴明と木梨憲武がふたつの神輿それぞれに乗って観客席から堂々と登場し、ステージに降り立つという演出だった。

しかし、観客の興奮は演出陣の想像をはるかに超えていた。また、スタッフの誘導ミスもあり、彼らは想定よりも神輿から遠い位置から会場入りしてしまったのだ。

とんねるずの登場に気付いたファンは大熱狂。少しでも触れようと手を伸ばすのはまだ良いほうで、髪の毛、服、帽子に次々掴みかかっていった。そこには小柄な女性スタイリストも同行していたため彼女もすぐにもみくちゃにされてしまった。それにブチ切れたのは石橋だ。観客に対し、怒鳴りつけながら、殴りかかり、蹴りつけた。もちろん生放送。完全な暴行シーンが全国に映し出されてしまったのだ。

その間、隙を縫うようにいち早く木梨は神輿に乗り、ステージにたどり着く。遅れて石橋も息も絶え絶えにステージに上ったが、その頃にはこの日のために作った豪華な衣装はビリビリに引きちぎられ、帽子もどこかに行ってしまっていた。

「テメエら最低だ！」

石橋は怒りに任せて観客にぶちまけた。

会場には「雨の西麻布」の前奏が流れ始める。演歌調のしっとりとした歌い出しのはずが、怒りにかられたままの石橋は怒鳴るように歌った。

「そしてっ！　女はっ！　濡れたままッ！」

これこそが伝説となったとんねるずの生中継乱闘事件である。

テレビを遊び場に変え、凌駕し、その上に立った

もちろん公衆の面前でファンに手を上げるという行為に対し、抗議が殺到した。新聞、週刊誌等でもバッシング記事が書かれた。だが一方で、世間、特に若者の反応は違っていた。とんねるずのカリスマ性を際立たせる事件として好意的に捉えられた。

そして、それまで「得体のしれない」存在だったとんねるずの知名度を若者だけでない層に波及させたのだ。

とんねるずが〝乱闘〟まがいの暴走で事件を起こしたのはこのときばかりではない。有名なところでは「カメラ破壊事件」だろう。

初のシングルレコードとなる「一気！」をリリースしたとんねるずが『オールナイトフジ』（フジテレビ）でその曲を披露していたときだ。

学生服に身を包んだとんねるずはいつものようにスタジオを縦横無尽に暴れ回りながら歌っていた。

やがて、石橋は自分たちを撮影している1台のテレビカメラに指さしながら向かっていく。そして石橋はカメラに掴みかかると、それを激しく揺らす。そのときだった。石橋が

とんねるず

石橋貴明と木梨憲武によるお笑いコンビ。帝京高校の同級生である石橋と木梨が1980年にコンビを結成。『オールナイトフジ』『夕やけニャンニャン』で若者を中心にカリスマ的な人気を得る。歌手としてオリコン1位を記録、『紅白歌合戦』にも出場している。

足を滑らせ転倒すると、大きなカメラも勢いよく倒れてしまったのだ。

1千万円以上するというテレビカメラは修理不能。大きな問題となった。だが、この事件は、逆にとんねるずの「何でもあり」なイメージを確立する結果になった。彼らの〝暴走〟は若者を中心に熱狂的に支持され、常に〝暴走〟を期待されるようになっていった。その結果、歌番組に出ては暴れ、逆にもっとやれと期待される。あの伝統の『夜のヒットスタジオ』(フジテレビ)でさえ、とんねるずにとっては、恰好の遊び場だった。もちろんレギュラー番組では一層、傍若無人に振る舞った。『夕やけニャンニャン』(フジテレビ)で暴走し、素人たちとケンカするなど日常茶飯事だった。

そしてそれが、若者たちを煽っていくパワーになっていったのだ。

とんねるずの持ち味は〝暴走〟だけではない。彼らが常に持っているのはパロディ精神だ。とんねるずは「テレビ」や「芸能人」といったいわゆる「ギョーカイ」をパロディにした。『ザ・ベストテン』で乱闘の果てに怒鳴るように歌った「雨の西麻布」もまた「演歌」をとんねるず流にパロディにしたものだ。パロディにすることでとんねるずはテレビを遊び場に変えていった。やがてとんねるずは「テレビ」を凌駕し、その〝上〟に立ったのだ。そして圧倒的なカリスマ性で若者たちを彼らの「内輪」に巻き込んでいった。

とんねるずは〝乱闘〟とパロディ精神によって新たな時代を生み出していったのだ。

髭男爵

貴族のお漫才

シルクハットに燕尾服という「貴族」風の出で立ちの髭の男・山田ルイ53世が、緑色の服装で外向きにカールした髪型の「召使い」風の男・ひぐち君を引き連れやってくる。

ふたりはワイングラスを手に持っている。

「ルネッサーンス‼」

山田は笑顔で、ひぐちは無表情のままグラスを合わせると、山田が「貴族のお漫才『庶民の少年にトランペットを買ってあ〜げる』の巻」とタイトルを重厚な声で宣言していく。

少年に扮したひぐち君はショーウインドーを物ほしそうに見ている。通りかかった男爵は「いつもトランペットを見ておるが、音楽が好きなのかい？」と声をかけ「おじさんが買ってあげよう」と言うと、少年が「えっ、ホンマでっか？」とおっさん口調で返す。

「いや、お前、おっさんやないか〜い！」

ツッコミながら、ふたりは再び「チーン」とグラスを合わせ乾杯した。さらに「もう1個ほしかったんだ」「いや、もうもっとんのか〜い」「雨の日用の」「そんなんないわ〜い」と矢継ぎ早にリズム良くグラスが重ねられていく。

「母さんが病気なんだ」

一転して神妙な面持ちで言う少年に男爵は表情を変える。

「事情が変わった」

だが、少年はボケ続け、加速度的にグラスは響き合っていくのだ。これが髭男爵の「貴族のお漫才」である。最後に男爵は観客に向かって問う。

「逆に聞こう。何を真面目に見ている？」

あの頃のまま、変なアレンジはいらない

「お前ら、髭男爵なのに、〝髭〟でも〝男爵〟でもねーじゃねーか！」

あるテレビ番組に出演した際、司会のくりぃむしちゅー・上田晋也にそうイジられた。確かにその頃、彼らは普通の風貌でネタをやっていた。それはそうだ。何しろ、「髭男爵」という名前は自分で考えたものではなかったからだ。もともとはトリオだったがひとりが抜けてコンビになった。その抜けたひとりがトリオを組む前から使っていた名前だったのだ。彼が抜けてもそのままコンビ名として使っていたが、名が体をあらわしていなかった。ならば、合わせばいい。段々と山田は髭を生やし、男爵風の衣装を身に着け、「貴族」キャラという「皮」を被るようになっていった。

それに伴い、ネタの内容も「サーベル漫才」「バルコニー漫才」「チェス漫才」と変遷していき、ついに「乾杯ネタ」に行き着いたのだ。

髭男爵が「乾杯ネタ」を初めて行ったのは2004年。相方のひぐちは「最初に山田に提案された時は、『こんなネタ、怒られるだろ!』と大反対した。だってツッコミが〝ワイングラスで乾杯〟ですよ?」[*1]と述懐する。山田も「若干の背徳感、罪悪感はあった」[*1]と告白する。キャラ漫才の皮を被っているが、その実、正統派漫才を皮肉る漫才批評的な側面があるネタだからだ。だが、同時に「誰もやったことがないネタ」ができたという高揚感があった。実際、ライブでは大ウケ。やがて進化したこの「お漫才」で2008年頃大ブレイクを果たすのだ。

巷にはなりきりコスプレ衣装があふれ、忘年会や新年会などいたるところで「ルネッ

ルネッ…
ヒグチカッター

サーンス!!」という乾杯の音頭が鳴り響いた。けれど強烈なキャラはその分、劇薬だ。消費されるスピードも早い。翌年には急速にテレビでの露出は減っていき、いわゆる「一発屋芸人」と呼ばれるようになった。一発屋芸人とは言うまでもなく一世を風靡したギャグを持ちながらも、一般的にはテレビから「消えた」と言われる芸人である。この頃、『エンタの神様』(日本テレビ)や『爆笑レッドカーペット』(フジテレビ)などの影響でショートネタブーム。短い時間でインパクトを残す近道は強いキャラをつけることだった。だから、数多くの「一発屋芸人」が生まれていった。

一発屋の芸はバカにされがちだ。なぜなら前述のように忘年会などで真似をするのが容易だからだ。だが、それは「レトルト食品のようなもの」だと山田は言う。高度にパッケージ化されたとてつもない〝発明〟なのに、自分で手軽にできてしまう故にリスペクトする人はいない。「俺らの芸はほんまにスゴいねん」と自分で言うのはめちゃめちゃダサいけど、自分だけでも犠牲になろうと思って言う、と前置きした上で山田は言う。

「一発屋芸人は才能に溢れた勝ち組なんだ」[*2]と。

「フォー!」で一世を風靡したレイザーラモンHGの呼びかけで2015年、「第1回一発屋オールスターズ選抜総選挙」というイベントが開催された。当初は周囲から「絶対に失敗する」などと反対されていた。何しろ「一発屋=過去の人」というイメージが強い。それが集まってもお客さんが来るわけがない、と。加えて参加する芸人たちを集めるのに

髭男爵

山田ルイ53世とひぐち君による漫才コンビ。結成は1999年。ワイングラスを掲げて「ルネッサーンス!」と乾杯するギャグで一世を風靡する。山田ルイ53世は著書『一発屋芸人列伝』『一発屋芸人の不本意な日常』などでも知られる文才の持ち主。

も苦労した。このイベントに出るということは「一発屋」であることを認めることになるからだ。それでもHGは執念で直接芸人たちに出演交渉を続け、「一発屋オールスター」と呼ぶに相応しいメンバーを集めた。その結果、超満員の観客を集めたのだ。それだけではない。HGは、このイベントに関してひとつのルールを作った。それが「新ネタ禁止」だ。「〝新ネタ禁止〟はお笑い界における発明」と山田は言う［＊2］。芸人は基本的に新ネタを求められ、その価値に重きを置かれる。だが、HGには考えがあった。

「一発屋の芸って懐メロ的な要素もあるじゃないですか。あの曲聴いたらあの時代を思い出す。フォーって聴いたら2005年を思い出す。あの頃のまま聴きたい。変なアレンジはいらない」［＊2］

その言葉どおり、一発屋芸人たちがおなじみのギャグを繰り広げれば会場は大きな盛り上がりを見せた。

髭男爵はその「総選挙」で2位と約6倍の大差となる1万5366票で栄えある1位に選ばれた。「ルネッサンス」はフランス語で「再生」と「復活」という意味がある。超満員の観客を前にふたりは当時のままグラスを掲げた。

「ルネッサーンス!!」

［＊1］新潮社『一発屋芸人列伝』（著：山田ルイ53世）
［＊2］テレビ朝日『弁護士といっしょです』2018年9月1日

おぎやはぎ

脱力系漫才

力が抜けたようなふたりの男が入ってきて「小木です」「矢作です」とそれぞれ名乗ると、今度は声を揃えて言う。

「おぎやはぎですけど何か問題でも?」

それに対して「今日も決まりました」と自画自賛。小木博明が「結婚詐欺師になりたいねえ」などと言うと、矢作兼は「なんでだよ」などとはツッコまず、「お前は本当いろんな職業に興味があるんだな」「お前にやりたいって言われると弱いからなあ」と否定しない。改めて「いい?」と小木が尋ねると「お前がやりたいことはなにべくやらせたいと思ってるから」「お前だからこんな簡単に承諾するんだぞ」「誰でもやると思わないでくれよ」などと言いながら、「ねるとんパーティで女性を口説く」という漫才コントの設定に入っていく。

小木が「あのー、貯金額のほう教えてもらっても……」と言えば「まずいよねー」と優しくツッコむ。いったん女性を褒めて、すぐにまた貯金を聞き出そうとする小木を再び注意するも「悪いな、お前の作戦否定しちゃったみたいで」と付け加える。

親友が突然死んでしまったから、ひとりで来たという小木。「死んだら来るな」と言われるも「結婚詐欺師だったら親友が死んでも来ると思う」と反論。それに対し矢作は「お前、プロ根性あるじゃねえかよ。でも親友が死んでねるとんパーティ来るような男どう思う？」「うーん、顔も見たくない」「そうだろ？　俺はお前に対してそういう気持ちだよ」と理論的にツッコんだ上で「だけど、付き合い長いからこの1回で嫌いになることはないから安心しろ」と添える。

最後に小木が「俺やっぱ、女を騙せねえよ俺には。俺は、女を騙すくらいだったら、女に騙されたい」と言うと「おー、カッコイイ。小木の好感度もあがったところで、ネタを下げさせていただきます」と締めくくっていく。

時に優しく、時に理論的に諭すようなツッコミ。ほとんど声を荒げることもなく、相方を決定的に否定することはない。それがおぎやはぎの〝脱力系〟などと言われる漫才である。

「芸人かくあるべし」という固定観念を薄ら笑いを浮かべながら崩していく

おぎやはぎはいつの間にかテレビの中でポジションを築いたという印象がある。それこそ空気のように疑問を感じるスキも与えず、一方で異物感丸出しでそこにいた。

おぎやはぎはそのコンビ結成の経緯から独特だ。「クラスで目立たない内向きな奴ほど本当は面白い」という定説があるがそれをくつがえし、現在の一見地味な風貌とは裏腹に学校で1～2を争う人気者だったというふたり。そして貧乏でストイックなのが当たり前な若手芸人像も覆す。小木も矢作もすでにサラリーマンとしてある程度の成功を収めていたのだ。小木は高校を卒業し、倍率数百倍で採用人数1名という旅行代理店のハワイ勤務に採用。この会社が倒産するとタワーレコードに就職し、アメリカ本社との商品手配などの仕事をしていた。矢作も同じく高校卒業後、貿易会社の海外事業部に英語なんて大して話せないのに「僕から英語をとったら何も残りません」と面接で言い放って就職。営業成績は常にトップで上海などでも勤務する。文字どおりふたりは世界を股にかけて活躍していたのだ。
しかし、中目黒のBAR「VIV」で当時アルバイトをしていた加藤浩次と矢作が出会ったことで大きくその空気が変わっていく。テレビで見ている人と接し、「あれ？　こんな感じでしゃべってても、べつに……特別凄い人って感じもしねえよな」と感じた。「ってことは芸人なんて本当は凄い雲の上の存在の人だったんだけど、そこで身近に感じられたんだよね。だから『できるか』と」［*1］
そこで高校時代から「ものすごいポテンシャルの高さ」を感じていた小木を誘ってコンビを結成する。彼らは当初、ナベプロやホリプロに入るが、その殺伐とした雰囲気に「そんな空気じゃお笑いなんてできない」とすぐに辞め、たどり着いた「居心地のいい場所」が人力舎だった。それでもおぎやはぎの入る前の人力舎はギスギスしていた、という。「コンビ同士は仲良くしない」というダウンタウン以来蔓延していた芸人界の風潮が影響していたのだろう。けれど、矢作は見抜いた。こいつら、ホントは仲がいいはずだと。そこで彼は「そんなにギスギスする必要ないじゃん」と〝意識改革〟を行った。いや、おそらく矢作はそういったことを真っ向から口にして言ったわけではないだろう。たとえば当時、人力舎のライブが終わった後、アンジャッシュの渡部班と児嶋班に分かれて合同コントをやるという企画があったという。どちらか一方の班に出て、それがそのまま派閥のようになってしまっていた。しかし、矢作はシレッと両方の班に参加したのだ。たったそれだけのことで、それから派閥が崩壊していった。

ネタ見せには外車で乗り込み、売れる前からゴルフに興じる。相方とは仲良くし褒め合う。「サラリーマンを辞めて芸人になった理由がね、『楽しそうだから』でしょ？」［＊1］というやりたくない仕事は平気で断る。「芸人はかくあるべき」という狭い意味での「芸人らしさ」という固定観念を薄ら笑いを浮かべながら崩していく。おぎやはぎは、「芸人らしさ」を疑わない世間に対し、脱力したまま〝意識改革〟を促しながら、芸人の多様性を切り開き、シレッといつの間にか「おぎやはぎ」という誰とも似ていない空気を作っていったのだ。唯一無二な存在こそ「芸人」でしょ？　何か問題でも？　と笑いながら。

［＊1］『KAMINOGE』Vol.13

おぎやはぎ
小木博明と矢作兼によるお笑いコンビ。1995年にコンビ結成。「淡々と互いをホメ合い、スローテンポでジワジワ笑える」という唯一無二の漫才で注目を浴び、2001年、2002年の『M-1グランプリ』で決勝進出。バラエティなどでも変わらぬ脱力を見せる。

バカリズム

トッギーノ

フリップの傍らに黒一色の無機質な衣装に身を包んだ男が立っている。バカリズムである。

「トツギーノ」

無表情のまま、それでいて妙に力強く宣言する。観客がその単語の意味がわからず困惑している中、バカリズムは淡々とフリップをめくる。

「朝起きーの」

フリップには布団から起き上がる女性がやはり無機質な画風で描かれている。続けてフリップをめくり、「トイレ行きーの」「歯磨きーの」と女性の朝の生活を描写。「時計見ーの」「焦りーの」「家を出ーの」と続き、最後唐突の1枚を迎える。

紋付き袴の男性と文金高島田姿の女性が並んでいる絵が現れ、バカリズムは「トッギーノ」と言葉を添えるのだ。ここでようやく「トッギーノ」が「嫁ぎーの」という意味だと観客は知り、その展開のバカバカしさと唐突さに笑う。

今度は「風邪引きーの」「医者行きーの」「受付済ませーの」と病院の場面からまた突然の「トッギーノ」。観客は次第にいつ「トッギーノ」が来るかと心待ちするようになってくる。

「助走つけーの」と、陸上の走り高跳びをしている姿が描かれる。ここから「嫁ぐ」に至るのはこれまでよりもずっと無理があると思っていたら、次のフリップでいきなり「トッギーノ」。

「太りーの」「激太りーの」「激髪伸びーの」と風貌が変化していく女性。そして「トッギーノ」。これまで最後の「トッギーノ」の画は統一されていたが、ここで初めて女性の変化に合わせて絵も変わる。「種植えーの」「水あげーの」「トッギーノ」に至っては花の部分が女性の顔になっている。

「お前を嫁にーの」と「関白宣言」の歌詞をもじるとフリップにはさだまさしの顔。「もらう前にーの」と続き、文金高島田姿のさだまさしの画で「トッギーノ」。

観客の予想をことごとく上回る展開を続け、最後に「終わりーの」で締めくくった。まさにシュール。「天才」と称されるバカリズムのピンネタ「トッギーノ」である。

同じネタを繰り返すのは「ダサい」し「面白くない」

「トツギーノ」は『R－1ぐらんぷり』(関西テレビ・フジテレビ)で披露されると、一気に各テレビ番組で引っ張りだこになった。そんな頃に呼ばれた結婚式では当然「トツギーノ」をやるようにせがまれた。そこでバカリズムは、あろうことかそのフリップを1枚残らず出席者に配ってしまったという。そして芸人仲間に嬉しそうに言った。

「僕もう嫁げないっすわ」

ネタ番組に出るたびに「トツギーノ」を求められることにうんざりしていたバカリズムはこうして自ら「トツギーノ」を封印した。

バカリズムは「面白い」と思われ続けることに並々ならぬ執着を燃やしている。それは学生時代からそうだった。面白くないものを見たりすると、手のひらに蕁麻疹が出るほどだったという。映画に興味がないのにウッチャンナンチャンと同じ日本映画学校に入学したのも人一倍「面白い」と思わるための戦略だった。

「お笑いの事務所に入るよりも、特にお笑いを目指してないのに授業としてお笑いをやらされている奴らの中で、お笑い芸人になりたい意識を持ちたい奴が入ったら絶対目立つ。

才能があるように映る」[*1]
「バカリズム」という現在の芸名もそうだ。もともとはコンビ名だった。彼らはすぐに頭角を現し、若手芸人の中で一目置かれる存在になった。しかし、相方は芸人を辞める決意を固めた。すると彼は相方に「解散ではなく脱退という形にしてくれ」とコンビ名を残すことにしたのだ。一見〝美談〟にも思えるが、真相は「芸歴がリセットされるのが嫌」[*2]という思惑があった。築き上げた「面白い」のイメージが損なわれるのが嫌だったのだ。
そのわずか3ヶ月後、ピン芸人ナンバー1を決める『R-1ぐらんぷり』でいきなり決勝に進出。そこで披露されたのが「トツギーノ」だった。
「やってる最中は『おもしろいでしょ』という確認作業」だとバカリズムは言う。
「意味が無いものが好き。終わった後に何にも残らないものを作りたい。『面白かった』以外感想がないのが理想」[*3]
そのためにできるだけムダを削ぎ落とす。絵や衣装が極限まで無機質なのはそのためだ。だが一方で「トツギーノ」などのフリップネタは「誰がやっても面白い。舞台上では何の努力もしてない。だから俺はあんまり好きじゃないの。佇まいがダサい」[*1]という。だから「トツギーノ」がブームのようになって「トツギーノという芸人だと思われ始めたくらいから、ヤバい、やめようと思った」[*1]のだ。同じネタを繰り返すのはバカリズムの中では「ダサい」し「面白くない」という意識が強いのだろう。それは「面白い」と思わ

バカリズム
本名は升野英知。1995年、専門学校在学中にお笑いコンビ「バカリズム」を結成。相方脱退後はピン芸人として「バカリズム」を名乗る。2006年の『R-1ぐらんぷり』で「トツギーノ」を披露、ブレイクを果たす。脚本家として向田邦子賞を受賞するなど幅広い才能の持ち主。

れることにこだわり続けたバカリズムには耐え難いことだったのだ。
バカリズムを象徴する「トツギーノ」。だが、それを封印したことこそがバカリズムをバカリズムたらしめているのだ。

［＊1］ＮＨＫ総合『SWITCHインタビュー達人達』２０１４年11月1日
［＊2］テレビ東京『ざっくりハイタッチ』２０１２年7月15日
［＊3］ＮＨＫ総合『トップランナー』10年11月27日

伊集院光

芳賀ゆい

「ただいまCM撮影スタジオにいます」

レポーターからラジオブースに中継が入る。撮影が延びてしまい、〝主役〟が本番に間に合わないというのだ。その主役こそ、「芳賀ゆい」。実在しない架空のアイドルである。中継を受け、スタジオに控えていた伊集院光が、「都内某所のスタジオ」だとか「CMの内容はまだ秘密」などともっともらしい説明を重ねていく。

1990年2月16日に放送された『芳賀ゆいのオールナイトニッポン』（ニッポン放送）である。

「芳賀ゆいちゃんがスタジオに到着するまで」の時間繋ぎとして、彼女のデビューまでの生い立ちを追ったラジオドラマが流される。

ナレーションは上柳昌彦アナウンサーが務める本格的なもの。だがもちろん芳賀ゆい〝本人〟は登場しない。何しろ、実在しないのだから。ドラマには、彼女の〝デビュー〟のきっかけとなった「ミス・ポニーテールコンテスト」の模様も。その司会を務めたのがなんと古舘伊知郎(ホンモノ)。当時彼は『夜のヒットスタジオ』(フジテレビ)の司会もしていた。コンテストを振り返り、「すごく印象に残ってます。ビッグになって、早く『夜ヒット』に来てほしい」などとコメントを寄せているのだ。

架空のアイドル「芳賀ゆい」は、2部(午前3時~5時)で放送されていた『伊集院光のオールナイトニッポン』で生まれた。そもそものきっかけは「大島渚」だった。言わずと知れた強面の映画監督であるが、名前だけを見たら可愛らしい女の子でもおかしくない。そこから、「歯がゆい」という言葉もアイドルっぽいという話に。だったら、そのプロフィールをみんなで考えようと伊集院が悪ノリを始め、リスナーたちから大量のハガキが届いた。

やがて、芳賀ゆいは「握手会」まで開催。実在しないにも関わらず、集まったのは2千人。カーテン越しに誰だかわからない手と、みんなが握手をしていくのだ。この成功に勢いづき、企画されたのが『芳賀ゆいのオールナイトニッポン』だった。

当時は伊集院すら無名の存在。彼の番組もド深夜のローカル番組だ。誰も知らない、それどころか実在すらしないアイドルが『オールナイトニッポン』のパーソナリティを務めたのだ。それもほとんど一言も発せずに［＊1］。

さらに、彼女は奥田民生作詞の曲でCDデビューも果たし、写真集まで発売された。

いまでこそ「初音ミク」をはじめとして、ヴァーチャルアイドルは珍しいものではなくなったが、伊集院光とそのリスナーたちが作り上げた「芳賀ゆい」は間違いなくその先駆けだったと言えるだろう。

絶妙なさじ加減で作られたルールの中で伊集院とリスナーの共犯関係が結ばれていく

そもそも「伊集院光」もラジオによって誕生したと言っても過言ではない。

三遊亭楽太郎（現・円楽）に弟子入りし、落語家・三遊亭楽大として前座生活をしていた頃、落語家を廃業した兄弟子が放送作家をしていたラジオ番組に出てくれないかと誘われる。先輩からの依頼に断れなかった彼は、師匠に無断で出演。だから、自分の風貌から最も離れた名前を名乗った。それが「伊集院光」だった。

彼の落語仕込みの話芸は評判を生み、2部ながら伝統ある『オールナイトニッポン』のパーソナリティに抜擢されたのだ。ミュージシャンでも、俳優でも、漫才師やコント師でもない（当時はまだ落語家であることも伏せていた）。まったく得体の知れない男が起用されたのだ。

伊集院はラジオをやっているときの快感をこのような例を出して説明している。

「松の木におじやぶつけたみたいな不細工な顔の女」

その言葉を聴いたときに思い描く顔は一人ひとり違う。映像が使えないから、想像を働かせなければならない。けれどその分、自由度が高いのだ［*2］。

よく伊集院光を評するときに「白伊集院」と「黒伊集院」という言い方をすることが多い。前者はテレビやラジオの昼の番組での顔で、後者は深夜ラジオの顔だと。その際に言われる「黒伊集院」は、たいてい彼の「毒舌」部分を指している。そして、それこそが、伊集院のラジオの魅力だと評される。だが、彼の本当の意味での真骨頂は、人の心理をついたいやらしい「ルール作り」にある。絶妙なさじ加減で作られたルールの中で伊集院とリスナーとの共犯関係が結ばれていく。「芳賀ゆい」の場合は、あくまでも架空で、ひとつのイメージに固めないまま、どこまでいかにもアイドルっぽいものを作れるかということだ。アイドル文化へのアイロニーも含まれていただろう。そのルールに従っていきさえすれば、悪ふざけし放題。その結果、いつのまにか、当初想定していたものよりも遥かにス

伊集院光

1984年7月、落語家の三遊亭楽太郎(当時)に弟子入り。別名で出演したラジオ番組が大評判となり落語家を廃業、「伊集院光」となる。1988年に冠番組『伊集院光のオールナイトニッポン』がスタート、現在も『深夜の馬鹿力』『伊集院光とらじおと』などに出演中。

ゴいものが生み出されていく。

まさに人間の想像力の無限の可能性を証明している。

伊集院光は芳賀ゆいという想像上のアイドルを作り上げたことで一気にラジオ界で知らぬものがいなくなった。やがて、彼女と同じように伊集院光は世間の想像を超え、ラジオの王様になったのだ。

[＊1] 小学館文庫『ラジオにもほどがある』(著：藤井青銅)

[＊2] フジテレビ『僕らの音楽』2008年12月12日

オリエンタルラジオ

PERFECT HUMAN

「今夜もぉー！　事件が起きそうだ」

目一杯キメたポーズで中田敦彦がそう宣言する。すると「♪デンデンデン　デンデ　デンデデンデンデンデン」と聞き馴染みのフレーズが流れ始める。約10年前に大ブレイクした「武勇伝」だ。一時期、〝封印〟していたこのネタを全力をやり始める。そして「♪意味は無いけれど～」といつもの曲を歌い上げ「ペケポン」と締めると、突如、曲が転調する。

「彼は言った　世界は必ずしもみんな平等とは限らない♪」

急に藤森慎吾がハンドマイクを手にし、流暢なラップを始める。「武勇伝」同様、中田を崇め奉る歌詞だ。するとステージには4人のダンサーが登場。アップテンポのEDM調の曲に合わせて激しいダンスを始める。中田はその間、背中を向け微動だにしない。

「NAKATA、NAKATA！」

藤森がそう煽ると、ついに中田は振り返り、首を傾けて言う。

「I'm a PERFECT HUMAN」

ひたすらカッコつけて歌い、踊る。カッコ良すぎて笑うしかない。それが2016年の上半期、社会現象を巻き起こしたオリエンタルラジオのダンスユニット・RADIO FISHによる「PERFECT HUMAN」だ。

逆をやる。そうすればワンアンドオンリーになれる

いまでこそこうした音楽を使ったネタは「リズムネタ」などと言われ、漫才やコントなどに比べ、下に見られる傾向にあるが、もともとお笑いと音楽は密接な関係があった。そもそも「漫才」は「万歳」が起源。これは音頭や踊り、浪曲などが不可欠の芸だった。だとするならばリズムネタは漫才の原点回帰と言えるのかもしれない。

中田は「PERFECT HUMAN」に至るまで試行錯誤を繰り返していた。デビュー間もなく「武勇伝」で〝史上最速〟のブレイクをして、テレビの寵児となったオリラジは、数多

くの冠番組を持つ。しかし、テレビはそんなに甘いものではなかった。実力も経験も不足していた彼らはすぐに失格の烙印を押され、ほとんどのレギュラー番組を失った。そんな中で中田はリズムネタを捨て本格漫才を志向する。一定の評価を得ることはできたものの、『M－1グランプリ』（朝日放送・テレビ朝日）などの大きな賞レースで勝てるものではなかった。そんな中、藤森が「チャラ男」で再ブレイク。一方、中田も「インテリ」「オタク」キャラの批評・分析芸で番組に重宝されていき、それぞれピンでの活動が多くなっていった。そして2015年、同じ事務所の後輩である8・6秒バズーカーの「ラッスンゴレライ」がヒット。それを〝完全コピー〟するという掟破りの芸でまたオリラジは注目を浴びた。このことで自分たちに合っているのはやはりリズムネタだと確信させたのだろう。

「『武勇伝』やってたときに、時々『なんだ、そのネタは。お前ら、ちゃんとした漫才できんのか』ってバカにされることがあって、『見せてやるよ！』って、2年目からずっと漫才がんばってやってきたんですよ。でも来年10年になるなっていろいろ考えた結果、漫才じゃねえなって（笑）」[＊1]

漫才やコントを極めようとするのは芸人として真っ当でカッコいい。けれど、自分たちの資質はそうじゃないと背伸びするのをやめた。そして中田は世界的ダンサーである実弟の力を借りて「RADIO FISH」プロジェクトを立ち上げた。

中田がこのプロジェクトで〝お手本〟にしたものがある。それがミュージシャンのゴー

オリエンタルラジオ

中田敦彦と藤森慎吾によるお笑いコンビ。東京NSC10期生として在学中の2004年12月に「武勇伝」で『M-1グランプリ』準決勝進出、史上最速で冠番組を持つ。早すぎるブレイクの反動から一時は失速したが、アグレッシブな姿勢で幾度となく復活を果たしている。

ルデンボンバーだ。「女々しくて」をヒットさせ『紅白歌合戦』（NHK総合）に4年連続で出演していた。バンドなのに楽器を弾かないという逆転の発想でヒットを掴んだ。いわば、彼らは音楽番組にお笑いネタを持ち込んだ。だからこそハネたのだ。他のアーティストとは誰とも似ていないからニーズがある。だったら自分たちの武器はなんだろう。中田は考え、ひとつの結論に達した。

「お笑い番組に歌を持ち込めばいいんだ！　逆をやるんだ。そうするとワンアンドオンリーになれるじゃん。俺たちはマジな歌を、カッコいいをお笑い番組に持ち込むんだ」[＊2]

かつて「武勇伝」でブレイクしたときは「大学生の宴会芸」などと揶揄されていたオリエンタルラジオ。

芸人としてカッコつけるのをやめた彼らが導き出したのが、ただただカッコいい「究極の宴会芸」だったのだ。誰もが真似しやすく楽しめる敷居の低いネタだ。

ネタ番組が限られている現状で、漫才やコントにこだわらずにお笑い芸人として世間にカウンターを浴びせる手段を考えぬいた彼らの最終兵器が「PERFECT HUMAN」なのだ。

「俺たちはそういうものを作りたかった」と中田は言う。

「1年間、皆にただただ楽しんで貰えるものを」[＊2]

［＊1］テレビ朝日『爆笑問題の検索ちゃん』2013年12月27日
［＊2］「オリエンタルラジオ・トークライブ」2016年2月27日

タモリ

四カ国語麻雀

なにやら4人の男が卓を囲み麻雀を楽しんでいる声が聴こえる。

よく聴くと、その4人は中国人、韓国人、アメリカ人、ベトナム人といった外国人のようだ。各国別々の言葉が飛び交う中、対極も終盤。中国人がテンパイになった様子。「リーチ」と牌を捨てると、すかさず韓国人が「ロン」。

「ロン?」と訝しむ中国人を無視し、役を指折り挙げ点数を数えていく韓国人。

「タン、ミノ、カルビ、クッパ、ヌンチャク……、ハスミカ」

これに対し、「チョンボ」ではないかとクレームを入れる中国人。他のふたりも同調すると、韓国人が激昂する。

「チョンボ? ペノンソンソンチョンボゲンゴスミダ!」

もちろん、この4人の会話すべてがデタラメな外国語で成り立っている。その4人をたったひとりで演じているのがタモリである。

そんな大ゲンカを後ろで見ていたひとりの日本人が間に入ってくる。

「東・西・南・北というひとつの異なった方向性に育った、土着の民族の思想がこのような限界状況の中で複雑に排他的実存として交錯する場合に視野の狭窄という怒りを伴って極端に発露する……」

誰あろう寺山修司である。もちろん演じているのはやはりタモリ。難しい言い回しだがその実、内容は何もない。この仲裁に入るのが田中角栄や昭和天皇の場合もあるが、いずれにしても、これによりさらにその場が混乱し、乱闘騒ぎになってしまうのだ。

これこそがタモリの伝説的密室芸「四カ国語麻雀」である。

タモリは言葉を乱しているのではなく、壊している

こうしたタモリの使うデタラメな言葉は「ハナモゲラ語」と呼ばれた。ジャズバンド・山下洋輔トリオの周辺で流行していたものを赤塚不二夫らのリクエストに応じてタモリが

MP

完成させたものである。

タモリは幼少時、好んでラジオを聴いていた。落語、講談、浪花節なども聴いたが、なにより熱心に耳を傾けたのは、九州という土地柄受信できていたラジオの米軍放送や北京放送だった。もちろん言葉の意味はわからない。しかしその言語のリズムにおかしみを感じて惹かれていた。中学の頃は毎日のように、教会に通っていた。台風の日でさえも教会を訪れ、牧師の話に耳を傾けていたため「アナタハ敬虔ナ人デス」と牧師から洗礼を勧められるほどだった。しかしタモリが数年に亘り教会に通っていたのは、信仰心があったからではない。ただ単に、牧師の口調が面白かったのだ。

外国人の、しかも牧師特有の片言の日本語。当時でも日常的にはあまり使われない「アマツサエ」「ナカンズク」などの単語が織り交ぜられた仰々しい口調が、タモリにはとてもおかしかった。キリストの教えという「思想」や「意味」ではなく、ここでも、言葉の響きや口調のおかしみを味わっていたのだ。

タモリは、意味ありげなものや、深刻ぶって過剰に意味を込めたものを嫌う。ずっと主人公が悩み苦しんでいるような辛気臭い日本文学はもちろん、「ワビ、サビっつうのはよけいなおっせかいだとおもうんですよね」[*1]と日本古来の美意識まで口撃する。大流行した「一杯のかけそば」を「涙のファシズム」と一刀両断しブームを終わらせたのもタモリだった。そうした「意味」を重くする「言葉」に常に疑いの目を向けてきた。

タモリ
本名は森田一義。「伝説の素人芸人」として知られていたが、1976年4月『空飛ぶモンティ・パイソン』にレギュラー出演。『笑っていいとも!』により国民的人気タレントに。趣味人として知られ、現在も『ブラタモリ』などに出演中。

「いまは現実そのものに何の意味もなくなり、言葉だけが意味をもつかのごとく祭りあげられている」「言葉に権威や正統性を持たせようとするなら、そんなのはどんどん地に落として踏んづけないと、新しい言葉は生まれてこない」[＊2]

そうした思想が生み出したのが、タモリのハナモゲラ語なのだ。彼はリズムや抑揚を真似ることで、それぞれの国の言葉としか聞こえないようなデタラメな言葉を生み出した。そこに意味なんかはない。タモリにとって「言葉」とは、心地よいリズムを伴った遊び道具であり、それ以上でもそれ以下でもないのだ。

そう、タモリは言葉を乱しているのではない。壊しているのだ。「師」とも言える赤塚不二夫への弔辞でタモリは彼の代表的ギャグ「これでいいのだ」をこう定義付けている。「あなたの考えは、すべての出来事、存在をあるがままに、前向きに肯定し、受け入れることです。それによって人間は重苦しい意味の世界から解放され、軽やかになり、また時間は前後関係を断ち放たれて、その時その場が異様に明るく感じられます」

まさに「四カ国語麻雀」とハナモゲラ語は「重苦しい意味の世界から」の言葉の解放だ。それが「赤塚不二夫の作品のひとつ」であるタモリの最高傑作なのだ。

［＊1］工作舎『愛の傾向と対策』（著：松岡正剛、タモリ）
［＊2］三笠書房『ちょっと手の内拝見』（編：とらばーゆ編集部）

トニー谷

さいざんす・マンボ

「レディース・エンド・ジェントルマン・エンド・おとっつぁん・おっかさん！　グッド・イブニング、おこんばんは。ジス・イズ・ミスター・トニー谷ざんす」

日本語と英語混じりの独特な言い回し、いわゆる「トニングリッシュ」を操りトニー谷は不敵に笑う。ド派手なタキシードに、つり上がったフォックス眼鏡。口元には怪しげなコールマンひげを蓄えた強烈なキャラクターである。

手には大きなソロバンを持っている。それがトニー谷の〝楽器〟だった。

「恋をするのもソロバン勘定。お金がなければご破算ざーんす。ざんす、ざんす、さいざんす。願いましては」

軽快にソロバンを弾き、歌い始める。

「恋をするのも〜家庭の事情〜♪」

時折、イヤミな笑顔を振りまいて、日本風にアレンジされたマンボ調のリズムでステップを踏んでいく。

「あたしゃ貴女に　アイ・ブラ・ユー」

これが、戦後まだＧＨＱの支配下にあった日本で一大ブームとなったトニー谷の「さいざんす・マンボ」だ。

いまでこそ音楽を使ったお笑いネタは「リズムネタ」などと、他の漫才やコントとは別物のように区別されるが、もともと音楽とお笑いは密接に関わっていた。「日本の喜劇王」と呼ばれる「エノケン」こと榎本健一も「浅草オペラ」のコーラス出身だし、クレイジーキャッツやザ・ドリフターズもバンド出身だ。

谷はいわゆる「コメディアン」ではなく「ボードビリアン」だ。「ボードビリアンっていうのは音楽だよ。音楽わかんないと、ボードビリアンはできない」［*1］と語っていたという。

テレビの中でも楽屋の裏でも嫌われた生粋の〝クズ芸人〟

トニー谷のアクの強いキャラクターは「日系二世」のパロディから生まれたものだ。GHQ占領下において日系二世は嫌われ者だった。ちょうど力道山がプロレスで「強い日本人」の象徴としてヒール役のアメリカ人レスラーを空手チョップで傷めつけ、日本人を熱狂させていた頃、お笑い界にあらわれた〝悪役〟がトニー谷だったのだ。

彼はそのキャラクターをまっとうし、客に悪態をつき、有名タレントにイヤミな毒舌を吐いた。小林信彦は彼を「異端・邪道・外道芸人の華」[*2]と評した。その姿は嫌われる度合いが人気のバロメーターになるヒールレスラーそのものだ。

ヒールレスラーは私生活では人格者だとよく言われる。だが、トニー谷は違ったというのが定説だ。楽屋裏でも彼はそのキャラクターのまま横柄で嫌な男だったという証言は立川談志をはじめとして数多く残っている。テレビの中でも楽屋の裏でも嫌われた生粋の〝クズ芸人〟だったのだ。

そんなトニー谷に悲劇が訪れる。それは昭和30年に起きた長男誘拐事件である。まだ誘拐事件に対する報道協定などなかった時代。マスコミは大騒ぎになった。トニー谷自身も必死で息子の無事解放をテレビで訴え続けた。普通なら同情され応援されるべき事件だ。だが、世間から嫌われていた彼への反応は残酷だった。話題作りのための自作自演を疑われ、連日、イタズラや誹謗中傷の電話が鳴り止まなかったのだ。いまでいう〝炎上〟である。その後、子供は無事解放され、犯人も逮捕されたが、「トニー谷の人を小バカにした放送に反感をもった」という犯人の動機に世間は共感。評論家である大宅壮一さえも「盗人にも五分の理」という信じがたい犯人擁護をしたという[*3]。

この事件が決定打となりトニー谷の人気は急落。彼の全盛期はわずか5年弱。その強烈なキャラクターを鑑みるといまでいう「一発屋」芸人と呼べるのかもしれない。

しかし、トニー谷はその7年後復活を果たす。『アベック歌合戦』(日本テレビ)の司会に起用されたのだ。ここでトニーは、ソロバンを拍子木に代え、「あなたのお名前なんてえの?」とリズムに乗せて出演者に訊くという司会のスタイルを確立させる。このフレーズが流行した。いわば、「再ブレイク」を果たしたのだ。「一発屋」の人気を経験し、一気に凋落。その後「再ブレイク」した「毒舌芸人」というといまで言えば有吉弘行を思い起こされる。有吉は再ブレイク後、天下を獲った。だが、トニー谷は、『アベック歌合戦』終了後、再び表舞台から消えた。

トニー谷
1917年（大正6年）生まれの伝説的ボードビリアン。太平洋戦争から復員後、1949年に芸人としてデビュー。日本語と英語を交えた「トニングリッシュ」、「さいざんす」など珍妙なしゃべりで一時代を築く。1987年7月に逝去。

トニー谷が赤塚不二夫のマンガ『おそ松くん』の人気キャラクター「イヤミ」のモデルになったのは有名な話だ。晩年、トニー谷はタモリを可愛がっていたという。自分と同様、音楽的センスを持ち、アクが強い芸風のタモリにシンパシーを感じていたのだろうか。赤塚と関係が深いタモリを気にかけていたというのは因縁じみている。

「トニー谷なんて凄かったよね」タモリはしみじみと惜しむように述懐した。

「まったく孤立していた人で、あの人のことは誰も認めていなかったんだよね」［＊1］

その孤立こそ嫌われ芸人を貫いた彼の存在証明だ。

［＊1］メディアファクトリー『赤塚不二夫対談集 これでいいのだ。』（著：赤塚不二夫）
［＊2］新潮社『日本の喜劇人』（著：小林信彦）
［＊3］文春文庫『昭和芸人 七人の最期』（著：笹山敬輔）

爆笑問題

時事漫才

爆笑問題の太田光は、待ちきれないように走って登場し、客を指さしながら「プシュー！」とやって照れ笑いを浮かべる。それを苦笑いしながら制止するのが相方の田中裕二だ。

「最近も色々ありますねえ……」などと言いながら、『紅白歌合戦』（NHK総合）やオリンピック、芸能人や政治家の不祥事や事件、流行語やブームなど見ている人の大半が知っている最新の時事ネタを田中が振ると、それに対し、太田がボケ倒す。

たとえば、清原和博が覚せい剤で逮捕されてしまったときには、もちろん格好の標的となる。「ホント、ショックですよ。高校のときから見てましたからね、『K・Kコンビ』なんて言われて」と田中。すると太田がすかさず「K・Kね、清原・覚せい剤」とボケる。

「そうじゃないだろ！　桑田だ！」とシンプルにツッコむ田中に太田はボケ続ける。

「でも、逮捕されたとき、素直に認めたそうですよ。『SAY YES』」

「やめなさい！」

同じ罪で捕まった人のことを引き合いに出したりと、ひとしきりボケ終わると、田中がすぐに次の時事ネタを振っていく。最新の時事ネタに対し、船場吉兆の〝ささやき女将〟だったり、野々村議員、ゲスの極み乙女。、「お・も・て・な・し」など、もはや田中も「忘れてやれよ」と言うような、太田お気に入りの古いネタを使ったボケを挟んでいくのも特徴的だ。

散々荒らし終えると、ビシッとキメた揃いのスーツで最後にまた照れくさそうに一礼して帰っていく。それが爆笑問題の「時事漫才」だ。

「不粋に、野暮に生きる」ことだけが〝本物〟に近付くための突破口だった

「もしかして俺が今まで信じてきたものって全部嘘っぱちだったのかな?」[*1]

学生時代に見たツービートの漫才を見て、そう思うくらいの大きなインパクトを受けた太田光は、大学で出会った田中裕二とコンビを組んだ。当初は主にブラックなコントを演っていたが、「ネタがつきない」などの理由から奇しくもツービート同様の「時事漫才」に移行していった。

その特徴のひとつは、ボケのシンプルさだ。誤解を恐れずに言えば、そのボケに突飛な発想や深さはほとんどない。それよりも矢継ぎ早にボケ倒し、すぐに次の話題へ移っていく。そこには〝時事ネタ〟という以外、一貫性やストーリー性はない。

だが、それは完成度が低いということでは決してない。特にテレビで漫才を披露する際、爆笑問題はあえてその形式を選んでいるのだ。なぜなら、「いつそのチャンネルに合わせても変えられないようにっていう、金太郎飴のように、ギャグを次から次へ」やることで「分計(毎分視聴率)を上げ」[*2]るというこだわりがあるからだ。

ボケのシンプルさも同様だ。よく太田への批判に「つまらない」ボケを繰り返していると言われる。太田はそういった自らのテレビの芸風を「バカッター芸人」と自嘲する。

「成人式で暴れてる映像あるじゃないですか。あれ観て、こいつら何なんだよ、と思ったんですけど、ふと、テレビで俺がやってるの、これだなって(笑)。気がついたんです。そよく、事件現場でピースしてる奴いるでしょ? ああやってテレビに出てきたんです。そ

世相を斬る
俺を斬っちゃったよ

れでここまで来たもんですからだから最近のバカッターとかを全然否定できないんです。僕はアレの代表（笑）」［*3］

太田がこうした芸風になったのは『ボキャブラ天国』シリーズ（フジテレビ）の頃からだった。それまで爆笑問題といえば尖った芸風。どちらかといえば斜に構え、常に考えぬかれた「面白いこと」しか言わないタイプだった。だが、この頃から「玉を打てるだけ打って、どれか当たればいい」［*4］芸風に大きく変わっていった。そうして「つまらない」ボケをすればするほど、テレビでの爆笑問題の存在感は大きくなっていった。

そのきっかけを与えてくれたのが雑誌の連載だった。後に書籍化され大ベストセラーとなる「爆笑問題の日本原論」だ。考え抜いた尖った原稿を自信満々に編集部に出したが、突き返された。「面白いけど、これを疲れたサラリーマンが会社帰りに電車で読みますか？」「読み終わったら駅のゴミ箱に捨てるくらいの、そういうつもりで書いてください」と。その一言を聞いてから「会社帰りのひとりのくたびれたサラリーマンを笑わせる」ことが太田のテーマになった。「太田またバカやってる。俺のほうがマシだわ」と思われることが自分の役割だと［*5］。

もうひとつ太田のスタンスを決定付けたことがある。それは憧れのビートたけしの存在だ。たけしという〝本物〟がいるから、自分が〝偽物〟であることをつきつけられてしまう。だから「偽物が本物に近付くための唯一の手段」である「学習」をするしかないと

爆笑問題

太田光と田中裕二によるお笑いコンビ。日本大学芸術学部で出会ったふたりが1988年3月にコンビを結成。本業の漫才のみならず、テレビ、ラジオ、執筆、映画監督など幅広く活躍中。2018年9月には『時事漫才 爆笑問題の日本原論』も発売。

綴り、こう続けている。

「〝粋に生きる〟ことが許されるのは、本物だけだ。私には粋に生きることは許されない。不粋に、野暮に生きることだけが私の道だと思っている。そしてそれこそが、〝ビートたけし〟が絶対にやらないことで、唯一私が〝ビートたけし〟の亜流であることから解放される可能性を感じられる突破口であると思っている」［＊6］

つまり、太田が「つまらない」ボケを繰り返すのは、「テレビ」という特性と自分の芸人観を考え抜き、導き出したものなのだ。「不粋に、野暮に生きる」ことこそ、爆笑問題のテレビ芸人としての生き方なのだ。

［＊1］NHK BSプレミアム『アナザーストーリーズ』2016年5月4日
［＊2］TBSラジオ『爆笑問題カーボーイ』2016年4月5日
［＊3］テレビ朝日『ストライクTV』2014年3月24日
［＊4］『広告批評』1998年9月号
［＊5］中京テレビ『太田上田』2016年4月7日
［＊6］『時効』（著：ビートたけし）解説

第4章

信念

Believe my heart

もし今日が人生最後の日だとしたら、
今やろうとしていることは本当に自分のやりたいことだろうか？

（スティーブ・ジョブズ）

古坂大魔王

ピコ太郎「ペンパイナッポーアッポーペン（PPAP）」

かわいらしい子供の声で「ピ、ピコ、ピコ、ピコ太郎」という声とともにロゴが映し出される。

そこに現れ、気だるそうに立っているのがパイソン柄の服装にヒョウ柄のストール、インテリヤクザを思わせる細身で薄いサングラスと短い髭といういかつい男。だが、コミカルなイントロが流れると表情は一変。「ＰＰＡＰ」と画面に向かって笑顔になり軽快に踊り出す。

「アイハブ　ア　ペン」「アイハブ　アン　アップル」と簡単な英語歌詞で歌い、その歌詞に合わせ、右手にペン、左手にリンゴを持つようなジェスチャーをする。

「んー！」とリンゴにペンを突き刺すような動きをし、「アポーペン！」

今度はペンとパイナップルで「パイナッポーペン！」

そして最後に「アポーペン」と「パイナッポーペン」で「ペンパイナッポーアッポーペン」が完成する。

これが古坂大魔王が〝プロデュース〟したピコ太郎の「ペンパイナッポーアッポーペン（PPAP）」だ。

ジャスティン・ビーバーがSNSで紹介したのがきっかけとなり世界中に爆発的に拡散され、YouTubeの週間再生回数ランキングで世界1位を記録。ビルボードソングチャートで初登場77位にチャートインし、「全米ビルボードトップ100に入った世界最短曲」としてギネス世界記録に認定された。

この「PPAP」は、音楽プロデューサーのtofubeatsが「この曲を初めて聴いた時に〝ピコ太郎はヤバい奴なんやな〟っていうのは、DJのみんなは感じたはずなんです」[＊1]と語っているように、曲自体も音楽関係者も驚くほどのクオリティだった。

だが、この世界的ブレイクにもっとも驚いたのは、〝プロデューサー〟古坂大魔王自身だろう。彼のもとにはCNNやBBCなどから取材依頼が殺到。もちろん文面は英語だ。それらをWEB翻訳してみると「チェオ」という謎の人物からの依頼もあった。よく読んでみるとそれは「CEO」からのメールだったのだ。

芸人仲間からバカにされても言い続けた「音楽で世界を変える」

芸人に愛される芸人がいる。

古坂大魔王はその典型だった。楽屋でのおもしろさはずば抜けていた。特にくりぃむしちゅー上田晋也とはウマが合った。あるときなどは本番が夜9時から始まるがリハーサルなどがあり昼12時頃から楽屋入りしていた。上田が古坂に「なにかやって」と頼むと古坂は延々8〜9時間、即興コントを演じ、楽屋の芸人たちを笑わせ続けたという。「本番へトヘトになってるの。だから本番では力発揮できず」〔*2〕と上田は笑う。芸人仲間は口を揃えて「天才」だと絶賛する。まさに〝楽屋番長〟だった。

子供の頃、ビートたけしを見てお笑いのカッコよさを知った古坂の芸人への憧れは、とんねるずを見て決定的になった。コントをやっても音楽もやってもカッコいいとんねるずのようになりたいと思い、日本映画学校（当時）で出会ったふたりと「底抜けＡＩＲ-ＬＩＮＥ」を結成した。だが、彼らがデビューした当時、お笑い界では、音楽をやるのは

PPAP
Pa
あーどーも

タブー視されていた。お笑いに没頭していない証拠だ、お笑いはカッコ悪いことをするものであり、音楽はカッコいいことをするもの。まったく別方向のものなのだ、と。けれど、とんねるずに憧れた古坂の中で、クレイジーキャッツやザ・ドリフターズのような歴史をたどるまでもなく、音楽とお笑いは一緒だった。両方カッコいいものじゃないかと古坂は思っていた。

ボキャブラブームで仕事が急増し、周りの芸人が車などを買っている中、古坂は数百万をかけてパソコンやシンセサイザー、音楽ソフトを買い揃えた。芸人仲間からはバカにされても「音楽で世界を変える」と言い続けた。一方でブームが終息し、仕事が激変し、腐りかけもした。けれど、そんなとき、彼を救ってくれたのもまた、上田をはじめとする芸人仲間だった。彼らの励ましがあったからこそ芸人を辞めなかった。

そしてもうひとり恩人がいる。立川談志だ。底抜けＡＩＲ‐ＬＩＮＥは、１９９９年８月、『爆笑オンエアバトル』（ＮＨＫ総合）の「第1回チャンピオン大会」に出場する。この番組ではショートコントでオンエアを勝ち取っていたが、音楽ネタはウケなかった。だが、古坂は周囲の反対を押し切り、音楽ネタである「テクノ体操」で挑んだ。やはり結果は10組中9位。惨敗だった。けれど、談志はこれを評価し、「談志賞」を贈ったのだ。そして、古坂にこう言ったという。

「お前ら腐るなよ。音楽やり続けろ。お笑いと音楽は絶対一緒だから」

古坂大魔王

1991年に「底ぬけAIR-LINE」を結成。当時よりお笑いと並行して音楽活動を行っていたが、2016年に「ピコ太郎」としてYouTubeに発表した「ペンパイナッポーアッポーペン（PPAP）」で全世界的なブレイクを果たす。

この言葉に勇気づけられた古坂はさらに音楽を極めようと音楽とお笑いを融合させた音楽ユニット「NO BOTTOM!」を結成。このバンドのロンドンデビューを懸けて『マネーの虎』（日本テレビ）にも出演した。けれど、そうした挑戦はなかなか実らなかった。テレビ出演も年に2〜3回になってしまっていた古坂は、インターネットに戦いの場を変えることを決意する。ネットのコメントの傾向やどんなものがアクセスされるのかを徹底的に研究。50秒以内の動画ならスマホで電車の中などで見られるはずだと、「PPAP」を作りあげた。

実はかつて「談志賞」をもらった「テクノ体操」こそが、「PPAP」の原型。「音楽で世界を変える」と言い続けた古坂は、全大陸でピコ太郎のライブを行うことを目標に掲げた上で、さらなる夢を語っている。

「一番のギャグは東京オリンピックでピコ太郎が歌って全世界の人が踊ること」［＊3］

［＊1］テレビ朝日『関ジャム』2017年3月19日
［＊2］日本テレビ『おしゃれイズム』2017年2月5日
［＊3］TBS『オー!!マイ神様!!』2017年12月11日

笑福亭鶴瓶

局部露出事件

「続いては温泉リポートです。どんな美女が登場するのでしょうか」

番組アシスタントがいつも通り進行すると、カメラは温泉に入ろうとする〝美女〟の足元を捉えた。そのままカメラアングルがゆっくりと上がっていき、腰元、胸、顔を順に見せていくという深夜番組らしい趣向だ。

だが、この日の演出はそれにひと味加えていた。美女と思わせておいて、実は男でした、という出オチギャグを入れたのだ。その出オチ要員に起用されたのが若き日の笑福亭鶴瓶。当時はまだ、デビューしたばかり、23歳の頃だ。関西では注目の若手だったが、東京では無名の存在だった。

その日、鶴瓶は憤っていた。本番前、プロデューサーから不遜な言葉を浴びせられていたのだ。コイツを困らせてやりたい。そんな反骨心が沸々と沸き起こっていた。

カメラが腰元を捉えたとき、事件は起こった。

鶴瓶はバスタオルを外すと、そのままカメラに接近。股間をレンズに押しつけたのだ。生放送中のスタジオは悲鳴と怒号に包まれた。これが『独占！男の時間』(テレビ東京)で1975年に起きた鶴瓶による伝説の局部露出事件である。

事件はこれだけで終わらない。司会の山城新伍の計らいで番組最終回にも鶴瓶は再登場。そこで再び鶴瓶はカメラに写してはいけない部分を露出するのだ。今度はお尻を突き出し、それをグーッと開き肛門をどアップに。以降、約30年にわたり、テレビ東京出入り禁止処分がくだされた。

さらに2002年の『FNS27時間テレビ』(フジテレビ)では泥酔し眠ってしまった鶴瓶はいつの間にか下着を脱いでしまっていたため、叩き起こされた拍子にまたも局部を露出してしまったのだ。

一度ならず二度までもお茶の間に局部を晒した男は芸能界広しといえ鶴瓶を置いて他にいないだろう。

だからあの日、鶴瓶は自分自身をさらけ出すように局部を露出した

「ちんぽというのは……」

病床の立川談志を鶴瓶が見舞ったときだ。しばらくの沈黙を破って唐突に談志が語り始めた。

「(ビート)たけしは出せといったら出す、三枝(現・桂文枝)は出さない、鶴瓶は出せと言わなくても出す」

学生時代からそうだ。クラスの人気ものになったのもちんぽがきっかけだった。技術の授業中、やはりそれを露出すると自ら万力に挟んでみせたのだ。クラス中大爆笑だった。弟子入りした後も同じだ。師匠から落語は教えてもらえなかったが、飲み会などには「座持ちがいい」からと必ず連れて行かれた。そこでも鶴瓶はよく脱いで先輩たちを笑わせていた。さらに『爆笑寄席』(関西テレビ)出演時、横山ノックと唐丸籠に入れられた際、セクシーな女優を見ながら本番中にオナニーしただとか、テレビ局のエレベーターで上まで

あがって、下に戻ってくるまでにオナニーでイクことができたら、千円をもらうというゲームをしていただとかといった〃都市伝説〃を挙げればキリがない。

人との距離を縮めるためならどこまでも自分を開けっぴろげにする。そのためにはちんぽを出すことなど彼にとって造作もないことだ。鶴瓶は比喩も含めればいつだってちんぽ丸出しの人生なのだ。

ロケで一度会っただけの一般人にも電話番号を教え、その結婚式に出席したりする。何十年前に会ったきりの人に何か頼まれれば優しく対応する。そんな芸能人は他にいない。「いい人」の象徴のようになっているが、タモリはそれを自閉症ならぬ「自開症」と呼ぶ。誰に対しても心を開き続ける鶴瓶はまさに病的である。

一方で、若き日の鶴瓶は前述の〃事件〃の通り、反骨心の塊のような男でもあった。入門数日後には、落語会に金を払わず入る新聞記者の横柄な態度に腹を立てケンカをしたり、営業先の社長や、出演者とケンカしたりもしている。

「やりたいものじゃない、やりとうないものがわかっていた。(略)それを続けてきて、ホンマにそうやって『笑福亭鶴瓶』を作ってきた」[*1]

鶴瓶にとって大事だったのは、自分の面白さを理解してもらって、価値を認めてもらうことだ。その他大勢の若手芸人のひとりとしての扱いではなく「鶴瓶」というひとりの芸人として扱われるまでは、絶対に引き下がらなかった。

笑福亭鶴瓶
高校時代より落語家を志し、1972年2月、落語家の6代目笑福亭松鶴に弟子入り。テレビタレントとして頭角を現し、『笑っていいとも!』『鶴瓶 上岡パペポTV』により全国的な人気者に。『鶴瓶の家族に乾杯』で見せる飾らない人柄も人気。

「自分の型をちゃんと理解してもらえたら、あとはパンツ一丁だろうが、ズラをかぶろうが、どんな突っ込まれ方をしようが、納得づくのことですから大丈夫なんです」［＊2］

いま、若手芸人やアイドルにさえ懐深くイジられているのは「鶴瓶」というブレない〝型〟があるからだ。それを作るため戦ってきた。だからあの日、鶴瓶は自分自身をさらけ出すように局部を露出した。

局部露出事件は、鶴瓶の自開症と反骨精神が生んだ捨て身の芸だったのだ。

［＊1］『SWITCH』2009年7月号
［＊2］『日経エンタテインメント』1998年4月号

毒蝮三太夫

ババア中継

「いい商店街だねえ」「ちょっとつぶれそうなところもあるけど」

商店街を軽妙洒脱なトークで描写しながら、その日の中継場所のお店へと近付いていく。

いよいよ到着し、大歓声で迎えられるのが毒蝮三太夫である。その歓声の多くは高齢者の声である。1969年から実に50年もの長きにわたって放送されているラジオ番組『毒蝮三太夫のミュージックプレゼント』（TBSラジオ）の一幕だ。個人商店や工場などを訪問し、そこに集まった観衆たちとトークを交わすという番組。1986年以降は『大沢悠里のゆうゆうワイド』内で放送されスタジオの大沢悠里との名コンビで丁々発止のやりとりをしていたが、『ゆうゆうワイド』が終わった現在は『ジェーン・スー　生活は踊る』

や『金曜たまむすび』に放送枠が移行している。

老店主が紹介されるとすかさず「南無阿弥陀仏南無阿弥陀仏……」と拝み、和菓子屋に詰めかけた観覧客に対しては「葬式饅頭を買いに来たババアがいっぱいいる」と毒を吐く。だが、毒を吐かれた人たちはなぜか幸せそうに笑っている。

「ミス高円寺が集まったな」などと持ち上げたかと思えば、「毛がない」「風で飛びそうな身体」「刑務所から出てきたみたいな顔」と様々な角度でイジって落としながら、その人となりをあらわにしていく。

「90過ぎたくたばり損ないのババアだね」

毒蝮以外の人が言ったら激怒されそうな言葉を次々と繰り出す。だが、相手もたくましい。

「まだ生きますよ」

「図々しいババアだね」

毒蝮という名前が背中を押してくれた
「おい、ババア！ くたばれ、この野郎！」

毒蝮三太夫はもともとは俳優として本名の「石井伊吉」という名で活動していた。『ウルトラマン』にも隊員役で出演し、次作の『ウルトラセブン』にも出演。だが別人役だった。別人でも起用したくなるほど子供たちから親しまれていたのだ。そんな頃、彼は落語家・立川談志と出会った。ウマが合ったふたりは意気投合。その縁で談志が司会をしていた『笑点』（日本テレビ）の二代目・座布団運びに起用された。しかし、ヒーローもののドラマに出演しながら、同時に座布団運びをするのは気がとがめた。だから名前を変えることにした。そこで〝怪獣にも負けないような名前〟と談志が名付けたのが「毒蝮三太夫」だった。

「嫌ですよ、毒蝮なんて名前。（親に）言えませんよ、蝮になったなんて」[＊1]

そう当時を述懐して彼は笑うが、談志が『笑点』の司会を降板するのと一緒に座布団運びを辞めた後も、「毒蝮三太夫」の名前だけは残した。その頃にはもうその名前に愛着を感じていたのだ。

『ミュージックプレゼント』開始当初はいまのような毒舌ではなかった。丁寧な言葉で話しかけていたという。

その転機は4年目に訪れる。ずっと「たぬきババア」などと呼んでいた母親が亡くなったのだ。その直後の放送で、あまりにも元気な老人を見て思わずこう叫んでしまった。

「うるせえ！　黙ってろ！　ウチのお袋はくたばったのに、このババアは憎らしいほど元気だよ！」[*2]

観客はその暴言に唖然となり静まり返った。放送後は「毒蝮を辞めさせろ」と抗議の電話が殺到したという。けれど、担当ディレクターは意に返さなかった。同時に大きな支持も受けたからだ。事実、その後、中継には老人たちが以前にも増して集まるようになったのだ。きっと彼らは人間味のある会話がしたかったのだろう。

「俺はラジオでも〝年寄り向け〟にしゃべってるわけじゃないし、流行語なんて使わない。ただ〝人間〟に向かってしゃべってるだけ」[*3]

そのルーツは〝下町〟にある。毒蝮は長屋育ち。お互いにないものを譲り合いながらでしか生きていけない環境だった。だから自分が魅力的じゃないと食いっぱぐれる。

「（当時）自分は資産もなければ、知名度もないし、器量もないし、生まれも良くないわけだから、チャーミングじゃなきゃダメじゃないですか。そのチャーミングさって言うの

毒蝮三太夫
本名は石井伊吉。本名で『ウルトラマン』『ウルトラセブン』などに出演していたが、『笑点』に出演した際、立川談志により「毒蝮三太夫」と命名される。ラジオ中継で見せる「ババア」「ジジイ」などの歯に衣を着せぬしゃべりが現在も大人気。

がはわざとらしいのは良くないわけ」[＊4]

ヨイショだけでは相手の心には響かない。

「人が嫌だなっていうことを言って好きになられるっていう多重層の屈折したやり方ができたら面白いなって思った」[＊4]

毒蝮流のチャーミングな毒舌芸はこうして生まれたのだ。

毒蝮がそうやって思いっきり毒舌を吐けるのは「毒蝮三太夫」の名前のおかげだと言う。

「石井伊吉でもって、『おい、ババア！　くたばれ、この野郎！』なんて言ったら喧嘩になりますよ。背中を押してくれたのよ、毒蝮という名前が」[＊5]

談志は生前、毒蝮に「よく毒蝮を続けたよ」と労ったという。そして周囲にこう漏らしていた。

「俺の人生の作品の中で、毒蝮は最高傑作だよ」[＊5]

［＊1］テレビ朝日『徹子の部屋』2014年9月1日
［＊2］『週刊ポスト』2015年11月6日号
［＊3］『TVブロス』2011年11月13日号
［＊4］TBSラジオ『キラ☆キラ』2011年5月3日
［＊5］BS日テレ『加藤浩次の本気対談！コージ魂!!』2013年2月7日

コント55号

コント「机」

まず机を抱えて坂上二郎が壇上に登場する。

「これから萩本欽一大先生が演説を始めます」

出てくるはずの方向に手を掲げると、反対側から萩本欽一が駆け寄り、坂上を突き倒す。間違った方向を指した坂上をなじり、「登場が肝心」とやり直しを命じ、舞台袖に引っ込む萩本。

それを再び呼びこむと、今度はまた逆の方向から萩本が出てきて、勢い良く坂上に飛び蹴り。

それがコント55号の伝説的コント、通称「机」の導入である。冒頭のやり取りだけでも、舞台狭しと動きまくるコントだ。

萩本の演説が始まると、今度は坂上が後ろを通ろうとしてぶつかったり、萩本の邪魔をしていく。

「忘れもしない13年前！」

萩本は有名になったフレーズを叫び、恩着せがましく思い出話を始める。遮るように坂上は大げさに泣き出す。気を取り直して演説を再開した萩本が机に手を置くと、グラグラとその机が揺れる。

「坂上くん、この机ずいぶん揺れるね」と萩本。坂上は「ちょっと前が長すぎたみたい」と机の脚の1本をノコギリで切り落としてしまう。

3本脚になった机は当然バランスが悪い。倒れそうになるのを見て坂上は「バランスを取るため」ともう1本切り取ってしまう。さらに不安定になった机の脚をついには全部切り落とし、ただの台にしてしまう。そして、台だけとなった机に紐をつけ、それを萩本の首にぶら下げてしまう。

やがて萩本は壇上を動きまわり始め、演説は弁当売りのフレーズに変わっていく。

「俺はなんで弁当売ってんだよ！」

コント55号は「机」を演じるために生まれたコンビだった

この「机」はコント55号の紛れもない「代表作」であり、彼らの中で極めて特殊な作品でもある。なぜなら、テレビで繰り返し演じられた数少ないコントだからだ。コント55号は「同じネタをやらない」という厳しいルールを自らに課していた。それは前代未聞のことだった。いまでこそ「新ネタ」に重い価値があるようになったが、当時は決してそうではなかった。コメディアンは十八番であるネタを何度も何度も繰り返し演じ、完成度を極限まで高めることこそが「芸」とされ、その完成度の高さこそ価値のあるものだった。その〝常識〟をコント55号は破壊したのだ。その結果、坂上の証言によると、55号がテレビでコントを披露したネタ数は、実に3631本にのぼった。だが、当時は毎週のようにコントを演じなければならなかった。だから、どうしても新ネタができないこともある。そんなときに使ったのが、この「机」だったのだ。

「机」はその成り立ちも特殊だった。お笑い芸人は、そのネタにその人ならではの芸柄

（にん）が宿ったときにブレイクするなどとよく言われる。けれど、この「机」はコント55号の結成前に萩本が作ったものだった。そしてこの「机」こそコント55号結成のきっかけだったのだ。

萩本欽一は55号結成前にもテレビに出演している。しかし、来る仕事はエキストラばかり。そんなとき、生放送のテレビCMに起用される。極度のあがり症だった萩本は、カメラが回り出した途端に台詞を忘れてしまった。焦れば焦るほどNGを繰り返し、その数、なんと19回。番組はめちゃくちゃになった。

「お前なんか、役者やめちまえ！」

萩本は追われるようにテレビの世界から消えた。失意のまま熱海に身を寄せ、ホテルのフロアショーの司会で食いつないでいた。海を眺めながらボーっとしていたとき、ふっとコントのアイディアが浮かんだ。それが「机」だった。

「浅草に戻ろう。浅草に帰って、このネタをやるんだ！」[*1]

萩本はいてもたってもいられず、浅草に舞い戻った。そのときにたまたま連絡を寄こしたのがフランス座の先輩である坂上二郎だった。彼とだけは「絶対に一緒にやりたくない」と思っていた。〝格下〟だった東洋会館から主役待遇で若き萩本はフランス座にやってきた。だから坂上の格好の〝イジメ〟の標的になった。もちろんイジメといっても舞台の上で、だ。萩本に対して無理難題の振りをするのだ。そんなムチャ振りに萩本は食らい

コント55号
萩本欽一と坂上二郎によるお笑いコンビ。1966年、浅草松竹演芸場でコンビとしての初舞台を踏む。狂気をも感じさせる萩本のサディスティックなツッコミと、それをナンセンスに受け流す坂上のボケで一時代を築く。2011年3月に坂上が逝去、コンビとしての活動を終えた。

ついていった。いつしかふたりは最大のライバルになっていったのだ。萩本は当初、一人コントとして「机」を構想していた。だが、萩本からそのコントの内容を聞くと坂上はこう言った。

「欽ちゃん、それおもしろいけどさ、ひとりでやると、自分で切って、自分でひっくり返らなきゃならないよ。それおかしくない？」「俺、切ってやろうか？」[＊1]

こうして、55号は誕生した。いわば、コント55号は「机」を演じるために生まれたコンビだったのだ。

[＊1] 集英社文庫『なんでそーなるの！』（著：萩本欽一）

ウッチャンナンチャン

ショートコント「レンタルビデオショップ」

内村光良がレンタルビデオショップに入ってくる。

「いらっしゃい」

店員の南原清隆は本を読みながら素っ気なく挨拶した。内村はアダルトビデオコーナーを前にしてモノローグ風に言う。

「母さん、これがアダルトビデオです。あなたが一度見てみたかった宇宙企画のやつです」

どこかで聞いたことのある言い回しだ。これがウッチャンナンチャンのコント「倉本聰脚本風レンタルビデオショップ」。『北の国から』風」ではなく脚本家の名前を冠するところが映画学校出身のウッチャンナンチャンらしい。

内村は「ガラガラガラ」と棚からビデオを落としてしまう。するとすかさず自らモノローグを入れる。

「ドキドキした」

そしていざ借りるビデオを店員に持っていき返却期間を尋ねられ「明日まで」と答える。が、それに重ねるようにモノローグ風の台詞。

「ホントは明後日まで借りたかったわけで、なかなか言い出せなかったわけで。母さん、ここ富良野はもう雪が降ってます」

まったく同じシチュエーションで「山田太一脚本風」というのもある。

「これ、アダルト？」「そうだけど、借りるの？」「どうしようかな？」「借りないの？」「そんな、急に言われても」といかにも山田太一が書きそうな短いフレーズの台詞をリズムよく矢継ぎ早に繰り出す。次第に「アダルトを借りるのさ」「なんでさ」「急いでなんかいないさ」と語尾に「さ」が多くなると最後には「そうさ」「なにさ」「よいやさ」「どっこいさ」となっていくのだ。

地方出身だったからこそウッチャンナンチャンは「シティ派」になり得た

通常、これらのバージョンは「コント〇〇」とタイトルを宣言するブリッジを挟みながら続けて演じられる。短いネタを連ねたいわゆる「ショートコント」スタイルは、ウッチャンナンチャンがテレビで普及させたと言って過言ではない。

ウッチャンナンチャンのコントは、「シティ派コント」などと称され、デビュー当時から若者に爆発的な支持を受け、一気に人気になっていった。

いまではそんなイメージがある。だが、実はウンナンにも〝冬の時代〟はあった。

確かにデビューとなった『お笑いスター誕生!!』(日本テレビ)でグランプリを獲得した彼らは順風満帆に見えた。実際、すぐに当時大人気番組であった『オールナイトフジ』(フジテレビ)のレギュラーに抜擢される。とんねるずもブレイクした番組だ。

そこでのウッチャンナンチャンの存在感は皆無に等しかった。すでにスター然としたとんねるずや、イケイケでキラキラした女子大生たちを前に〝アガって〟しまったのだ。ネタ以外ではまったくしゃべれなかった。そもそもネタもウケなかった。

まだデビューしたばかりで持ちネタも数本しかなかったため、毎回新ネタを作らなければならない。しかも番組から要求されるのは、女子大生にウケる「大学生モノ」やとんねるずのような「都会的」なネタだった。

内村は熊本、南原は香川の地方出身。上京したのも横浜の映画専門学校進学のため。華々しい大学生活はもちろん、都会らしい生活もした経験がない。だから、そんなネタを作れなくて当然だった。

ネタがウケないから、ますますネタ以外ではしゃべれない。ウッチャンナンチャンはわずか半年足らずで番組降板となった。いわば「失格」の烙印を押されてしまったのだ。そこから彼らはキャバレーなどの営業しか仕事がない〝冬の時代〟に突入する。

転機となったのは「ラ・ママ新人コント大会」だった。これはコント赤信号の渡辺正行が、東京の若手芸人に勉強の場を与えたいと始めたコントライブだ。そこでウッチャンナンチャンはほぼ同期デビューのジャドーズに出会う。

彼らは、短いコントを「じゃじゃじゃじゃじゃじゃじゃじゃじゃじゃじゃじゃん！」というフレーズのブリッジで繋ぐ当時としては斬新なスタイルのネタを行っていた。

これにヒントを得たウッチャンナンチャンは「ショートコント」というスタイルを確立していく。この頃にできたのが冒頭に挙げた「レンタルビデオショップ」や「地下鉄銀座

ウッチャンナンチャン
内村光良と南原清隆によるお笑いコンビ。1985年にコンビを結成。80年代の若者文化をモチーフにしたショートコント、ダウンタウンと共演した『夢で逢えたら』で注目され、冠番組『ウッチャンナンチャンのやるならやらねば!』で名実ともに日本を代表するお笑いコンビとなる。

線vs日比谷線」、「ファミリーレストラン」、「コンビニ」シリーズなど、その後、彼らの代表作となるコントだった。

かつて「都会的な」コントを要求され苦しんだ彼らは、いつしか「シティ派」と呼ばれるようになった。当時急速に普及していったレンタルビデオショップやファミレス、コンビニ。それらに足繁く通ったのは、地方から上京してきた若者たちだった。

ウッチャンナンチャンはそんな若者のリアルな心情を反映させコントを作り上げた。彼らは地方出身だからこそ、都会を客観視した、それでいて田舎者特有の愛嬌を兼ね備えた「シティ派」になり得たのだ。

ロバート・秋山

体モノマネ

上半身裸の男が立っている。その体は浅黒く日焼けし、妙に恰幅が良い。

ロバート・秋山竜次である。

そこに軽快なEDM調の曲が流れ始める。秋山は静かにリズムを取りながらカメラ目線のまま何やら〝準備〟をしている。

「バーン」という音とともに右手に持ったパネルを自らの顔にあてがう。そのパネルには顔写真が貼られている。

梅宮辰夫だ。

その人の体だけをモノマネするという、かつてない発想の〝モノマネ〟だった。確かに梅宮辰夫はそんな体をしていたはずだ。

ある時は小沢一郎に、気だるそうに椅子に足を組んで座ってみれば野村克也に、ランタンと斧を持てばC・W・ニコルに、胸だけ隠せばアジャ・コングに……と変幻自在。果ては、埠頭に佇むペリーのような歴史上の人物にもなる。

日焼けし恰幅の良い有名人のみならず、実際にはそうでない人でも、なんとなくそうだったんじゃないかと思えてしまうところがスゴい。

ついにはTシャツの裏地に梅宮辰夫の顔をプリント。顔パネルがなくても、Tシャツをめくり上げると体モノマネができるようにまで〝進化〟していった。

これが、ロバート・秋山の「体モノマネ」である。

中途半端じゃなく、突きつめろ

ロバートといえば、コント師としてエリートというイメージが強い。1999年に結成され、そのわずか2年後の2001年には『はねるのトびら』(フジテレビ)のレギュラーに抜擢。その中で秋山はエースのひとりとして番組を引っ張っていた。さらに2011年には『キングオブコント』(TBS)で〝完全優勝〟(1stステージ・2ndステージともに

1位。しかもそのふたつのネタがその日の最多得点1位、2位も独占）。順風満帆と言えた。しかし、その頃の秋山は悩みの中にいた。ひとたびコントに入れば無敵だが、通常のバラエティ番組で自分たちのコントを見せる時間はない。ショートコントをやってみても、空気ができていないから上手くいかない。「だから、一発ギャグみたいなことも考えたんですけど、それも上手くいかない。実は、そこが、芸人として自分の一番弱いところ」[＊1]だと感じていた。そんな中、『はねるのトびら』も終わろうとしていた。テレビで生き残るためには次の一手が必要だった。

「なんだ、その大御所みたいな体は！　年齢と体が合ってないんだよ！」

劇場の楽屋で着替えていると、秋山は先輩芸人「ニブンノゴ！」宮地謙典からよくイジられていた。それがずっと頭の中にあった。あるとき、大阪の番組に呼ばれた際、トリオネタではなく、それぞれで何かピンネタをやってほしいというオファーがあった。そのときに、もしかしたらこのアンバランスな体がネタとして成立するかもしれないと、スタッフに「梅宮辰夫の顔パネル」を発注してみた。すると、当日現場に行って驚いた。顔に当ててみるとサイズから表情までピッタリだったのだ。

「あと1センチ大きくても、小さくても、色がもう少し黒くても、白くても、顔と体が合わずにおもしろくない。それが本当にピッタリだった。ネタの内容をお伝えしたわけでもないのに」[＊1]

ペロ
ペロ

神の采配だった。

ところで、梅宮辰夫と秋山の間には奇妙な縁があった。梅宮は１９５８年、東映の第５期ニューフェイスとしてデビュー。１９６８年からは『不良番長』シリーズが始まった。

周りは血気盛んな後輩たちばかり。夜通し呑み撮影に遅刻するのは日常茶飯事だった。そこで梅宮は「撮影所の門のところに、バットを持って立っていましたよ。亡くなった安岡力也のケツとか、何度も叩いた」[＊2]という。まさに主人公のキャラを地で行く〝不良番長〟だ。その「不良番長」シリーズで、梅宮と〝共演〟をしているのが、実は秋山の父なのだ。

父・幸重は19歳で俳優を目指して上京。俳優養成所を経て〝大部屋俳優〟としていくつかの映画に出演した。その中のひとつが『不良番長　突撃一番』（１９７１年）だった。他の作品同様、名もなきエキストラながら梅宮と絡むシーンに出演。「最高の気分だった」[＊3]と振り返っている。だから秋山の父にとって、梅宮辰夫は〝神〟のような存在だった。

それから約40年後、今度は息子である秋山がその〝神〟をイジるように体モノマネという形で〝共演〟しているのだ。秋山は梅宮にこういうネタを顔写真を使ってやっていいかと尋ねると梅宮はこう答えた。

「後輩は先輩を利用するもんだよ。遠慮なくやってくれ」[＊3]

そしてこうも言った。

ロバート・秋山
1998年12月に馬場裕之、山本博とお笑いトリオ「ロバート」を結成。2000年4月よりスタートした『はねるのトびら』のレギュラーに抜擢されて大ブレイク。『ロバート秋山のクリエイターズ・ファイル』で見せる「架空のクリエイター」に扮した憑依芸も話題。

「俺は何がおもしろいんだかわかんないんだけど（笑）、やるんだったら、中途半端じゃなく、突きつめろよ」［＊3］

その結果、秋山は芸人として大きな武器を手に入れたのだ。

「最初にそこからイジってもらえますんで、それがすごく助かるんです。瞬時に笑いにつながりますし。だから、実は、ずっと悩んでいたことを解消してくれたのが、このネタだった」［＊1］

秋山は「恩返しなんておこがましい」と前置きをしつつ、言葉がいらないこのネタの特性を生かし「いつの日か、僕が自分の体を使ってジャパニーズスター・梅宮辰夫の顔を世界に発信」したい言う［＊3］。

一方、梅宮は、自分は半ば芸能界を引退している身だと語りこう続けた。

「それでもかすかに残影が残ってる。あいつのおかげで」

そしてかつて〝共演〟した名もなき大部屋俳優だった秋山の父にメッセージを寄せた。

「いま、あんたの息子にお世話になってるよ、俺は」

［＊1］「THE PAGE」2014年5月25日
［＊2］『ザテレビジョン』2016年5月10日号
［＊3］NHK総合『ファミリーヒストリー』2018年10月29日

コロッケ

早送りモノマネ

長髪のヅラに、ド派手なスーツ、そして短足を強調するように股下が異様に短いズボン。そこに流れてくるのは、1979年のヒット曲「真夏の夜の夢」。野口五郎の名曲である。「その時　あなたは　バラになり　その時　ぼくは　蝶になり♪」と始まるそれは、明らかにおかしい。ピッチが早いのだ。そのテンポに追いつくように懸命に歌い踊るのは野口五郎をモノマネしているコロッケだ。それが「野口五郎の早送りモノマネ」である。

白目を剥き、口は半開きで、早いテンポの曲に合わせ小刻みに揺れている。時折見せる決め顔も、完全に「アホ」の子のそれである。二枚目アイドルをモノマネしているとは思えない。

極めつけは、サビに入っていくときだ。おもむろに小指をつき出したと思うと、それを鼻の穴へ。それどころか、ほじり終えると、そのまま小指を口に運び、鼻くそを食べてしまうのだ。

よくモノマネ芸人は、根底にその人が「好き」という思いがあるからモノマネをする、というが、そんな言い訳が通用しないほど悪意に満ちたモノマネである。

実はこの「早送りモノマネ」こそ、コロッケ独自のモノマネ芸の原点だった。

〝極める〟ということは真剣にやると極められない

コロッケが初めて人前でモノマネを披露したのは中学3年生のときだった。修学旅行の移動のバスの中で郷ひろみの「よろしく哀愁」をモノマネで歌うと、女子生徒たちから歓声があがった。それが嬉しくて、ブルース・リーやアイドル歌手などのモノマネをするようになった。女子にモテたい一心だった。芸能界への憧れが強くなったのもこの頃。高校に進学すると、自ら地元のカラオケスナックに売り込みに行き、そこでモノマネを披露。チップをくれる人までいて、次第に地元では有名な存在になっていった。

そんなコロッケにチャンスが訪れる。高校を卒業し、相変わらず夜のスナックでモノマネをやっていた頃だ。知人の紹介で東京のラジオ番組出演の機会が与えられたのだ。しかも、パーソナリティは赤塚不二夫、タモリ、所ジョージという錚々たるメンツ。一世一代のチャンスに、コロッケは自らの十八番であるモノマネを披露した。だが反応は芳しくなかった。

「似てるけど、面白くないね」[*1]

彼らにそう言われ、失意のコロッケは地元・熊本のスナックなどでモノマネを披露する生活に戻った。

野口五郎のモノマネをしようとレコードをかけたときだった。たまたまLPとEPの回転数を間違えてしまったため、早送りの状態になってしまったのだ。レコードをかけ直せば良かったのだが、コロッケはそうしなかった。その早送りで流れる音楽に合わせてモノマネを強引にやったのだ。場内はバカ受けだった。「早送りの野口五郎」というコロッケ独特のモノマネ芸が生まれた瞬間だった。

コロッケはその芸をひっさげ『お笑いスター誕生!!』（日本テレビ）に出場。5週連続勝ち抜くことができた。そのとき、審査員をしていたのが、以前彼を「面白くない」と切り

ほじほじ
ぱくっ

捨てたタモリだった。

「前より面白くなってる」[＊2]というタモリの言葉が、コロッケにとって大きな励みになった。

モノマネには大きく分けて「コピー派」と「パロディ派」があるという。コロッケはもちろん後者だ。だから「俺は似せようって思ってないからね」[＊3]と笑う。そっくりすぎるとホンモノの歌手の人たちもツッコみにくい。本人がやらないようなネタをやるからこそ「お前いい加減にしろよ！」などとツッコめる。その結果、モノマネする側、される側、双方が〝得〟をする。野口五郎もそうだった。70年代、「新御三家」のひとりとして日本中を席巻したが、80年代後半には活躍の場を失った。だが、彼はコロッケのモノマネで再び脚光を浴びるのだ。

「似てるけど、面白くない」という酷評が、単なる形態模写にとどまらない「似てなくても面白い」コロッケの変則的モノマネを生み、モノマネ界に革命を起こした。その後も、五木ひろしのモノマネにロボットの動きを組み合わせたりして、これまでまったく見たことのないショーに仕立てあげる。それがコロッケの「モノマネ芸」である。

それを極めようとしているコロッケは「これから大人として男としてどんどん楽しくなっていくなって。だから今まで以上にふざけ出すと思います」[＊4]と語っている。確かに、そのモノマネのデフォルメはどんどん過剰になっていき、原型がなくなっていってい

コロッケ

地元のスナックなどでモノマネを披露、人気を博していたが、1980年『お笑いスター誕生!!』に登場、全国にその名が知られるようになる。単なる「形態模写」ではない「似ていなくても面白いモノマネ」で現在も第一人者として君臨している。

る。明らかにふざけている。

「そんな真剣にやることじゃないと思うんです。〝極める〟ってことは真剣にやると極められないんじゃないかって思うんですよ。楽しんでないと」〔＊4〕

〔＊1〕ＮＨＫ総合『スタジオパークからこんにちは』２０１６年５月25日
〔＊2〕『週刊現代』２０１６年６月４日号
〔＊3〕ＮＨＫ総合『ディープピープル』２０１１年７月11日
〔＊4〕テレビ東京『ソロモン流』２０１１年７月17日

片岡鶴太郎

おでん芸

舞台は冬。こたつを囲む一家団欒の家族。

ビートたけしと山田邦子が演じる夫婦に娘がひとり。そして、祖母役で浦辺粂子を模した片岡鶴太郎。浦辺粂子は当時、「おばあちゃんアイドル」として人気を博した女優だ。鶴太郎のモノマネ十八番のひとりだった。

こたつの上には鍋があり、おでんを煮込んでいた。もともとは、ごく普通の家族の日常を切り取るための小道具に過ぎなかった。食べるために用意をしたわけではないので、火加減や煮込み時間などは当然考えていない。だから、おでんは極限まで熱々になっていた。

それに目ざとく気付いたのがビートたけしだった。

「おばあちゃん、おでん好きだろ？」

自らの限界を知り、新たな道へと進むその道しるべとなった「おでん」

そんな何気ないアドリブの中に、意地悪な企みを敏感に察知した鶴太郎。

「いや、おでんは好きじゃないの……」

たけしはそんな鶴太郎の答えを「いやいや、遠慮せずに」と無視して、サディスティックな笑みを浮かべながら、おでんを箸で掴み、鶴太郎の口元に持っていく。

「アチチッ！」

鶴太郎が、口元を抑えながら悶えると、スタジオは爆笑に包まれた。もうそうなるともともとの台本は関係がない。たけしは次々と鶴太郎におでんを食べさせる。鶴太郎は熱くてそれを吐き出す。さらにたけしは、鶴太郎の目におでんをつける。飛び跳ねる鶴太郎……という応酬が繰り返されていく。

偶然始まったこの流れは、すぐに定番のやりとりになり、片岡鶴太郎の「おでん芸」として『オレたちひょうきん族』（フジテレビ）の人気コントとなっていったのだ。

片岡鶴太郎がブレイクを果たしたのもやはり『オレたちひょうきん族』がきっかけだった。

声帯模写（モノマネ）の片岡鶴八の弟子だった鶴太郎は、当時同じ太田プロだった先輩・ビートたけしに可愛がられ、『ビートたけしのオールナイトニッポン』（ニッポン放送）などによく出演するようになっていた。そうした流れの中で、まだ無名に近い存在だった片岡鶴太郎も『ひょうきん族』に出演が決まったのだ。

だが、出演は決まったものの、何をやったらいいかわからない。

そんな中、スタッフから思わぬ申し出があった。モノマネ芸人である鶴太郎に、当時人気絶頂であったアイドル・近藤真彦のモノマネをやってほしいというものだった。『ひょうきん族』には人気コーナー「ひょうきんベストテン」があった。そこにマッチのモノマネで出てほしいというのだ。だが、それまで鶴太郎は一度もマッチのモノマネをしたことがなかった。それでも、やるしかなかった。収録日までにマッチのヒット曲「ギンギラギンにさりげなく」の歌詞と振りつけを必死で覚え、いざ本番を迎えると、台本にはこう書かれていた。

「マッチ、セットを壊しながら歌い続け、最後に死ぬ」

なんだこの台本は？　そんなことを考える余裕もなく、鶴太郎は覚えたてのモノマネを必死に演じた。その傍らでは、爆竹がパンパン鳴り、セットが鶴太郎に激突し、壊れていく。そして台本どおりマッチは死んだ。スタジオは大爆笑だった。

その日を境に片岡鶴太郎の境遇は一気に変わった。別の番組でも鶴太郎が登場するだけで観客から「キャー！」という黄色い歓声が飛び、「マッチでぇーす！」と1フレーズでも発すれば、客は歓喜の声をあげた。鶴太郎は「全人格を肯定されたような感覚」[＊1]になった。有頂天だったという。

だが、本当の意味でウケていたのはモノマネの完成度よりも、爆破されたり、セットに激突する鶴太郎のリアクションのほうだった。そしてそれが「おでん芸」に繋がったのだ。その事実は次第に鶴太郎を苦しめることにもなる。

ビートたけしや明石家さんま、島田紳助……。そうした〝天才〟たちを間近で見れば見るほど、その笑いの才能の差に愕然とさせられたのだ。リアクションは評価されても、それは長くできる芸ではない。

「みなさんは自分のキャラクターで時代の風を切っていける。私の場合はそういう資質ではない、演じるということが私の一番得意とすることなんだ」[＊2]

モノマネにしろ、リアクション芸にしろ、鶴太郎は〝演じる〟という意識だった。ならば、その〝演じる〟という芸は、なにもお笑いに限定する必要はない。そうして片岡鶴太郎は『ひょうきん族』終了の前後から、俳優業に活路を見出すようになった。映画に出演し、日本アカデミー最優秀助演男優賞を受賞するなど、性格俳優として評価されていくのだ。
いわば、片岡鶴太郎にとってこの「おでん芸」こそが、自らのお笑い芸人としての限界を知り、新たな道へと進む決断をする道しるべとなったのだ。

［＊1］『BIG tomorrow』2007年7月号
［＊2］『週刊プレイボーイ』2007年10月15日号

片岡鶴太郎
1973年、片岡鶴八に弟子入り。『オレたちひょうきん族』で一躍国民的な人気タレントに。その後もボクシングのライセンス取得、個展開催、役者など幅広い分野で活躍中。2017年にはインド政府より公認ヨガマスターの称号を授与される。

古舘伊知郎

ドリンク売り

棚にはたくさんのドリンク剤が並んでいる。

「一番上からご紹介しましょうか」

そう言って、手をかざしながら商品の紹介を始めるのが、白衣姿の古舘伊知郎である。

「まず、タウリン1000ミリグラム配合の『リポビタンD』です。〝日本三大リン〟と言えば、ミポリン・サリン・タウリン。この中のタウリン。なんと、1000ミリグラム入っているという。1000ミリグラム入っているなら、何で正直に1グラム配合と言えないのか」と皮肉と言葉遊びをまじえて、驚異的な早口でまくし立てていく。もちろん一切噛むことはない。俳優や声優、そしてアナウンサーが発生法や滑舌の向上のために暗唱し練習に使われる演目がある。それが、二代目市川團十郎によって初演された歌舞伎十八番のひとつ「外郎売」の口上だ。言い回しが難しいため訓練に最適なのだ。そんな「外郎売」を現代版にアレンジしたのが、古舘伊知郎による「ドリンク売り」である。

圧巻の口上が最後に「ユンケル黄帝液」のセクションにたどり着くと「ユンケル黄帝液」「ユンケル黄帝L」「ユンケルハーバル黄帝液」「ユンケル黄帝ゴールド」「ユンケル黄帝ロイヤル」「ユンケルD」「ユンケルグランド」を矢継ぎ早に紹介していく。

「最高峰はなんと10種類の植物性胃腸薬と5種類の動物性胃腸薬を見事に配合して、ビタミンまで加えた新処方『ユンケルファンティ』、3000円！〝ファンティ〟とは中国語で〝皇帝〟のこと。ずばり、直訳すれば『ユンケル皇帝黄帝液』。〝コウテイ〟がダブってどうするんだ」とツッコんであと、汗だくになった顔で向き直って言う。

「お客さん、何にしますか？」

まさに古舘伊知郎の〝実況芸〟の最高峰である。

「型」からはみ出たものが熟成して「自分流」になる

そもそも古舘が〝実況〟を始めたのは、大学生の頃からだった。休み時間になると親友のふたりがプロレスごっこを始める。それに古舘が実況をつけて遊んでいたのだ。やがてそれが評判になり、果てはチャペル前で〝興行〟まで行うようになった。そこには100人以上の観客が詰めかけたという。

そしてテレビ朝日に入社すると1年目からプロレス中継のアナウンサーに就任。異例のスピードで抜擢されたのだ。その頃のテレ朝のアナウンス部は封建的で厳しかったという。取材から帰って「お疲れ様～」などと挨拶しようものなら激が飛ぶ。「ただいま戻って参りました」とキチンと滑舌を意識して言えと叩き込まれた。出前を取るときでもそうだ。普通に頼もうとすると「かけ直せ！」と先輩から怒鳴られる。「もしもし、こちら、テレビ朝日本館4階のアナウンス部であります。ざるそば5つ、繰り返します、ざるそば5つ」と、普段から常に実況口調で生活をしていたのだ。電車の中でもその車窓に映る風景を実況し、訓練していった。

そうして鍛えられた滑舌と、独特で印象的なフレーズを武器にプロレス実況で一時代を築いた古舘はフリーに転身。バラエティの世界に活動の場を移し、『オレたちひょうきん族』（フジテレビ）の「ひょうきんプロレス」で覆面アナウンサー「宮田テル・アビブ」に扮し実況。また『夜のヒットスタジオ』（フジテレビ）など数多くの番組で司会者としての地位も確立。果ては『紅白歌合戦』（NHK総合）の司会を3年連続で務め上げた。さらに得意のスポーツ実況で「F－1」ブームも築いた。そして始めたのがひとり語りの公演

古舘伊知郎

1977年、テレビ朝日にアナウンサーとして入社。同年7月より『ワールドプロレスリング』に登場、過激な実況で一世を風靡する。2004年〜2016年には『報道ステーション』、他にも『夜のヒットスタジオ』、『紅白歌合戦』などの数多くの司会を務める。

『トーキングブルース』だった。そこではスポーツ実況やバラエティで培ったトーク術のすべてをぶち込んだ。その集大成が「ドリンク売り」だったのだ。

古舘は「おしゃべりっていうのは基本的に発酵物だと思っているんです」と言う。

「先輩たちのアナウンスメントを聞いて、自分のなかで醸成させると模倣でやっているつもりでも自分のものになっていく」［＊1］

プロレス実況もそうだった。先輩たちの実況を聞きまくり、真似から入った。まずは徹底的に「型にハマることが大事」［＊2］で、そこから自然とはみ出たものが熟成するとようやく自分流が生まれるのだ。

安住紳一郎は「古舘さんの影響を受けていない同世代の男性アナウンサーはひとりもいない」［＊1］と語り、古舘の目の前で「ドリンク売り」を完全コピーして見せた。安住紳一郎はかつて古舘がそうしたように、先輩・古舘伊知郎の実況芸を「熟成」し「発酵」させ、一流のアナウンサーにまで上り詰めたのだ。感極まって涙を落とす安住を見て、古舘は嬉しそうに自らの心境を〝実況〟した。

「僕にとっての生前葬です」［＊1］

［＊1］TBS『ぴったんこカン・カン』2016年6月10日
［＊2］NHK総合『スタジオパークからこんにちは』16年8月25日

バイきんぐ

なんて日だ！

「ただいま！　久しぶり」と西村瑞樹扮するランニングにズボン姿の男が家に帰ってくる。小峠英二演じる父親が「どちら様ですか？」と出てくると、男は言う。

「僕だよ、わかるでしょ？　高校中退して急に家飛び出して、何の連絡もせず心配かけてすみませんでした！」

15年ぶりの帰省だ。

「おー、ずいぶん変わったなあ」と髪も短くなり、髭も生え、腹も出た様子の我が子を見て言う。

「けど、何が一番変わったって、お前、性別、変わってるじゃないか」

そう、実は男は、もともと娘だったのだ。父親は一気に声のトーンを上げ感情をぶつける。

「ケイコー！　なんなんだよ！　この味わったことのない衝撃は！」

いまは「マナブ」という名前だという彼は「落ち着いてよ」と言いながら、さらに報告を続ける。東京でバーを経営していて、4000万の借金があると。だが、そんな報告を聞いても父親はあまり驚いたリアクションをしない。

「お前の変わりように驚きすぎて、4000万が霞んでいるパターンだ」

ニューハーフと結婚と聞けば「今度は驚きすぎてどうしたらいいかわからないパターンだ」。さらに相手はパナマ人で子供もいるという。

「お前、止まんねえな！」

母親を呼ぼうとする娘に「母さんなら出ていったよ。酒屋のオヤジと駆け落ちした」と告白。「いつ？」「今朝だ」の答えに一瞬、絶句するふたり。そして、溜まったものを放出するように全身を使って父親は叫ぶ。

「なんて日だ！」

これが、バイきんぐのコント「帰省」だ。

ついに訪れた〝約束の日〟

小峠には、お互いが認め合い、奇跡的なくらい気が合う親友がいた。彼らにはお互いに夢があった。和田はバーテンダー、小峠はお笑い芸人だ。小峠はNSCの面接で、かつて自動車教習所の合宿で出会った西村と運命的に再会しコンビを結成。程なくして和田は地元に帰るという決意をした。バーを開業する金を貯めるためだ。親友が夢に向かってリアルに行動し始めたことに、小峠は言い知れぬ焦燥感にかられた。別れの日。ふたりはある約束をした。

「次会うのはお互いの夢を叶えたときや。それまでは絶対に会わないでおこう」

小峠は、すぐに売れてまた会えると思っていた。だが、10年以上、連絡できないまま、時が過ぎてしまった。売れるチャンスすら訪れない日々が続いた。

「チャンスって誰にでもあるじゃないですか。16年間やってたら『うわ、あのときチャンス逃したからいまダメなんだよ』『あの時気付かなかったけど大きなチャンスだったな』って思うことが誰しもあると思うんですよ。でも僕ら、ホントに1回もなかったんですよ。16年間でホントにチャンスが1回もなかったんですよ。あのとき、逃したなっていう波が

1個もなくて、だから逃したわけじゃないから別にまだ絶対くるだろうって信じてやってましたね。だって1回もなかったんですよ！　あります？　16年間やって1回もチャンスがない奴なんていないですよ。なぜそんな試練を与えられるんだって。ずっと思ってましたよ、なんなんだ、これは。なんなんだ、この人生は！　って。ないよ、ないもん、ないでしょ！　16年間1回もチャンスがない奴なんてないもん！」[*1]

そんな葛藤の中で始めたのが2ヶ月に1回の新ネタライブだった。ネタを作ることしかできなかった彼らは、「2ヶ月に1回、新ネタを6本卸す」ということを自らに課した。

ライブを続けて3年ほどが経った頃、もうそのライブはやめようと思った。だが、先輩であり盟友でもあるハリウッドザコシショウに「続けるべき」だと説得されてもう1年だけ続けることにした。そして、その最後の1年間で生まれたネタで、2012年の『キングオブコント』（TBS）の決勝の切符を手にしたのだ。

初めて訪れた「チャンス」だった。決勝のネタ順は最後の8番目。しめた、と思った。「今までの人生でクジ運がいいと思ったことなんて一度もなかった。でも、あの8番を引いたときに全部リセットされましたね。『このために今までの運を取っておいたのか』と」[*2]

最後にネタをやれば、大きなインパクトを与えられる。その思惑通り、バイきんぐは1本目の「卒業生」で歴代最高得点の967点を獲得。その勢いのまま2本目の「帰省」で

1本目の最高得点を更新する974点で完全優勝を果たした。優勝を決めたネタ「帰省」の中に登場する「なんて日だ！」のフレーズはそのままこの日の彼らの境遇と重なり、その後、小峠の持ちギャグのようになっていった。

ようやく、和田に会える権利を得た、と小峠は思った。あの〝約束〟から11年もの月日が流れていた。かつてのバイト先に優勝報告に行くと、和田は地元でバーを2店経営するオーナーになっていることを知る。和田も小峠に連絡を取りたいときはもちろんあった。店の経営が苦しいとき、親友の声を聞いてすがりたかった。だが、それは踏みとどまった。なぜなら、小峠が売れたら、自分と再会する番組ができるはず。自分から連絡するということはその機会を奪ってしまうことになるからだ。

「絶対お前が動くはず。俺が動いたらあかんなって思って」

そんな彼の思いを聞いて小峠は「正解！　お前すごいな、全部わかるな！」と嬉しそうに笑った。

実際、ふたりの再会までの〝物語〟は、『謝りたい人がいます』（TBS）で密着された。

「お前の作った酒をお前の店で飲むの、どんだけ夢だったか……」とつぶやきながら涙ながらに和田のバーで酒を飲み交わす小峠。

「やっと今日会えた。やっと今日会えたな……。悪かったな、10年もかかって」

ついに訪れた〝約束の日〟。最後に和田の前で優勝コントを演じる小峠。そして、万感の思いを込めて叫んだ。
「なんて日だ！」

［＊1］NHK総合『スタジオパークからこんにちは』2014年2月13日
［＊2］『コメ旬』Vol.005
※その他、「和田」とのエピソードにおける発言はTBS『謝りたい人がいます』（2013年12月27日）より

バイきんぐ
小峠英二と西村瑞樹によるお笑いコンビ。ともに大阪NSC17期生のふたりが1996年5月にコンビを結成。活動の拠点を東京に移すも事務所を転々とするなど長い冬の時代を経て、2012年『キングオブコント』で優勝、待望のブレイクを果たした。

あとがき

本書は『アサヒ芸能』で掲載していた「芸人の運命変更線」という連載をまとめたものです。ですが、この連載は、志半ばで終わってしまいました。「まえがき」でも書いたように、芸人の代表作をまとめた本を書きたいと思って始めた連載だったので、それとは程遠い段階で終わってしまったのは、かなりショックでした。なんとか続けたいと思っていたところ手を差し伸べてくれたのが、復刊した『ＣＯＮＴＩＮＵＥ』でした。そこで内容はそのままに、タイトルを「２０２０年てれびの旅」として再開できたことで、念願叶って本書が刊行できることになりました。

『ＣＯＮＴＩＮＵＥ』に媒体が変わったことで、以前から大好きだった花小金井正幸さんにイラストを描いてもらえたのは、僥倖の極みでした。そのまま本書でも何点ものイラストを追加していただきました。そのイキイキと躍動感あふれる芸人の姿に改めて笑いがこみあげてきます。

また帯コメントを、同じ『ＣＯＮＴＩＮＵＥ』で連載を持っている髭男爵・山田ルイ53世さんにお願いしました。その文才は僕が説明するまでもありません。お引き受けいただけると聞いたときは飛び上がって喜びましたが、届いたコメントを読んであまりの感激で動けなくなりました。

本書編集担当の林和弘さんを始め、連載時から本書刊行までかかわっていただいたすべての方に感謝申し上げます。そして何より、本書を手にとっていただいた方々、本当にありがとうございます！

今回取り上げた芸人さんは、わずか43組。まだまだ書きたい芸人さんはたくさんいます。この続編を書き続け、僕のライフワークのひとつになれればと思っています。

２０１９年３月

戸部田誠（てれびのスキマ）

戸部田誠（てれびのスキマ）

１９７８年生まれ。２０１５年に福島県いわき市から上京。お笑い、格闘技、ドラマなどを愛するテレビっ子。主な著書に『１９８９年のテレビっ子』（双葉社）、『笑福亭鶴瓶論』（新潮社新書）、『全部やれ。日本テレビ えげつない勝ち方』（文藝春秋）など。新聞、雑誌、Ｗｅｂでの連載も多数。

本書は『アサヒ芸能』にて連載されたコラム「芸人の運命変更線」と、『ＣＯＮＴＩＮＵＥ』（太田出版）にて連載中のコラム「２０２０年てれびの旅」に加筆・修正、書き下ろしを加えたものです。

売れるには理由がある

２０１９年４月３日 第１刷発行

著者 戸部田誠

発行人 林和弘

発行所 株式会社太田出版
東京都新宿区愛住町22 第3山田ビル4F
電話 03-3359-6262
ファックス 03-3359-0040
振替 00120-6-162166
ホームページ http://www.ohtabooks.com/

印刷・製本 中央精版印刷株式会社

ISBN978-4-7783-1665-5 C0095 JASRAC 出 1902730-901